Ulrike A. Richter • Nadja Fügert

WISSENSCHAFTLICH ARBEITEN UND SCHREIBEN

Lösungen und Praxishinweise

1. Auflage   1   10 9 8 7 6 | 2027 26 25 24 23

www.klett-sprachen.de

Redaktion: Claudia Kreuzer
Layoutkonzeption: Marion Köster
Satz und Gestaltung: DOPPELPUNKT, Stuttgart
Umschlaggestaltung: Marion Köster, Andreas Drabarek
Druck und Bindung: Digitaldruck Tebben GmbH, Biessenhofen

Printed in Germany
ISBN 978-3-12-675313-5

INHALT

VORWORT

Im Fokus: Sprache und wissenschaftliches Handwerk

Die bundesdeutschen Hochschulen stehen aufgrund ihrer Beliebtheit bei internationalen Studierenden sowie aufgrund der Zuwanderung geflüchteter Akademiker_innen in der Verantwortung, gute Studienbedingungen auch für diese Studierenden-Gruppen zu schaffen. Vorbereitungskurse, Sommerschulen, studienbegleitende Deutschkurse, Tutorien und Mentoring-Programme sind wichtige Elemente der Integration von Bildungsausländer_innen.
Das wissenschaftliche Handwerk zu beherrschen, ist für ein erfolgreiches Studium mindestens ebenso bedeutsam wie die Sprache korrekt zu verwenden. Daher sollten Kursangebote für internationale Studierende immer beides in den Blick nehmen: die Vermittlung von Wortschatz und Grammatik sowie das wissenschaftliche Handwerk, das – wie bereits in Band 1 gezeigt – kulturspezifisch geprägt ist.

Mit Band 2 folgen wir diesem Grundsatz und stellen didaktisierte Hintergrundinformationen ebenso zur Verfügung wie umfangreiches Übungsmaterial. Die Text- und Schreibkompetenz der Lernenden wird also nicht allein mittels der grundständigen Elemente des Fremdsprachenunterrichts verbessert, sondern insbesondere auch dadurch, dass die Standards und Techniken wissenschaftlichen Arbeitens betrachtet werden. Wir zeigen, was gute Wissenschaft ausmacht, veranschaulichen die Kulturgebundenheit von Wissenschaft, stellen die zentralen studentischen Textsorten vor und analysieren Schreibprozesse. Band 2 versteht sich als kleinschrittige Einführung in das wissenschaftliche Handwerk und folgt dabei dem Entstehungsprozess wissenschaftlicher Arbeiten. Die Studierenden erschließen sich (mit oder ohne Dozent_in), welche Anforderungen an sie gestellt werden, was zu beachten ist und welche sprachlichen Mittel jeweils zur Anwendung kommen.

Die Reihe *Deutsch für das Studium*

Viele Deutschlerner_innen wollen bzw. müssen nach dem erfolgreichen Abschluss von Niveaustufe C1 das Deutschlernen fortsetzen. Für jene, die eine Berufstätigkeit aufnehmen, gibt es mittlerweile zahlreiche Lehrwerke im Segment Deutsch für den Beruf, die das notwendige Vokabular sowie die relevanten Grammatikstrukturen und die frequenten Sprachhandlungen des Berufslebens vermitteln.

Deutlich anders ist die Situation für jene, die sich auf ein Studium an einer bundesdeutschen Hochschule vorbereiten. Haben sie die Sprachprüfung für den Hochschulzugang bestanden, stehen ihnen bislang kaum Lernmaterialien zur Verfügung, die sie mit dem an der Hochschule geforderten Sprachtypus der deutschen Wissenschaftssprache vertraut machen. Von den Studierenden wird vom ersten Semester an erwartet, eigenständig Texte zu verfassen. Sie sehen sich mit einer ihnen bis dato unbekannten Form der deutschen Sprache und mit deren Anwendungen konfrontiert. Häufig kennen sie allenfalls aus den Mittelstufenlehrwerken frequente Grammatikstrukturen, wie z. B. Partizipialkonstruktionen und Nominalisierungen, haben diese allerdings selten in einem Textzusammenhang oder in Schreibprozessen angewendet.

Viele internationale Studierende erklären sich ihre Probleme beim Verfassen von Texten mit mangelnder Fremdsprachenkompetenz. Doch auch das fehlende Wissen um die kulturell geprägten Regeln des deutschen Wissenschaftsbetriebes spielt hier eine wichtige Rolle. Hinzu kommt – wie beim muttersprachlichen akademischen Nachwuchs auch – ein häufig lückenhaftes Wissen über die Standards und Techniken wissenschaftlichen Arbeitens.

Parallel dazu sind viele Pädagog_innen, die wissenschaftliches Schreiben unterrichten, zu wenig vertraut mit den kulturell geprägten Regeln des deutschen Wissenschaftsbetriebes. Denn diese Aspekte bleiben im DaF- bzw. DaZ-Studium meist unterbelichtet. Zudem erschließen sich diese Regeln erst durch den interkulturellen Vergleich; in der eigenen Kultur kommen sie als objektiv und universell daher. In der Folge beschränken sich viele Lehrkräfte darauf, Stilistik und Grammatik zu unterrichten.

Deutsch für das Studium stellt Lehrmaterial zur Verfügung, das der Komplexität der Vermittlung der akademischen Schreibkompetenz Rechnung trägt. Es leistet den Brückenschlag zwischen akademischer Forschung und praktischer Anwendung. Aktuelle Forschungsergebnisse werden in die Praxis von Sprachunterricht, Schreibworkshops und Schreibberatung übersetzt und damit nutzbar gemacht.

Wie ist die Reihe aufgebaut?

Band 1: Wissenschaftssprache verstehen
Band 2: Wissenschaftlich arbeiten und schreiben
Intensivtrainer zu Band 2
Band 3: Gesprochene Wissenschaftssprache

Hinweise zur Arbeit mit der Reihe

Für das Unterrichten in interkulturellen Konstellationen werden folgende Empfehlungen gegeben (Fischer/ Kopp 2007: 69 ff.): Lehrende sollten die Lernenden mit unterschiedlichen Lehr- und Lernkulturen vertraut machen. Sie sollten vieles explizit machen, z. B. Ziel und Gebrauch neuer Methodologien erklären und Unterstützung anbieten. Das Design der Lernumgebung sollte die unterschiedlichen kulturellen Regeln für Interaktion und Kommunikation berücksichtigen. Das wird z. B. durch die Einrichtung eines individuellen Beratungsangebots und die Etablierung der Möglichkeit, anonym Fragen einzureichen, die im Kurs beantwortet werden, erreicht.

Deutsch für das Studium trägt diesen Erfordernissen auf verschiedenen Ebenen Rechnung. Erstens vermitteln wir umfangreiches Kontextwissen und konstatieren nicht nur, wie dieses und jenes zu handhaben ist, sondern beleuchten immer auch den Hintergrund. Dabei finden Wechsel von der sprachlichen Ebene auf die kulturelle Ebene und zurück statt. Abwechselnd nehmen wir mal das große Ganze in den Blick, dann widmen wir uns den Details. Zweitens finden sich in allen Kapiteln die folgenden didaktischen Elemente:

- **Praxisrelevanz:** Verständliche Schritt-für-Schritt-Anweisungen zum Lesen und Schreiben. Zahlreiche Übungen mit authentischen Wissenschaftstexten sowie mit authentischen, korrekturbedürftigen studentischen Texten. Redemittellisten, Grammatik-Übersichten, Checklisten sowie Feedback-Instrumente.
- **Kontrastive Perspektive:** Interkultureller Vergleich von Wissenschaftskulturen und -sprachen; Bewusstmachung der eigenen kulturellen Prägung als Wissenschaftler_in.
- **Empowerment:** Auflösen bestehender Unsicherheiten durch das Sichtbarmachen wissenschaftlicher Praktiken wie der konstruierten Linearität akademischer Texte; Reflexion der eigenen Kompetenzen sowie deren gezielter Ausbau; Schreibübungen, die mit Methoden des kreativen Schreibens arbeiten und die Freude am Schreiben fördern, Erfolgserlebnisse schaffen und Schreibblockaden vorbeugen.

Das Buch können Sie mit Ihren Kursteilnehmenden chronologisch durcharbeiten oder für ausgewählte Themen nutzen. Es eignet sich für Intensivkurse ebenso wie für regelmäßige Angebote.

Die Lösungen stehen den Kursteilnehmenden online als Download zur Verfügung. Dazu bitte den Online-Code **g3pesam** auf **www.klett-sprachen.de** eingeben. Diese Handreichung für Lehrende enthält neben den Lösungen ausführliche Empfehlungen für den Einsatz im Unterricht. Bei allen selbsterklärenden Aufgaben können wir auf Erläuterungen verzichten, weil das Lehrbuch für Kurse ebenso wie für Selbstlernende konzipiert ist. Da, wo didaktische Kommentare nötig sind, geben wir sie.

Die Autorinnen

Dr. Ulrike A. Richter studierte Empirische Kulturwissenschaft / Europäische Ethnologie, Politikwissenschaft, Allgemeine Rhetorik sowie Gender Studies und promovierte in der Organisationssoziologie. Seit 2010 ist sie unter dem Label „Die Forscherei" als Dozentin und Beraterin an Hochschulen tätig. Kontakt: ulrike.richter@die-forscherei.de.

Nadja Fügert studierte Deutsch als Fremdsprache und Französistik. Seit 1999 ist sie tätig als Dozentin für Deutsch als Fremdsprache, u.a. am Studienkolleg zu Berlin, am Wissenschaftskolleg zu Berlin und am Centre Marc Bloch. Seit 2008 arbeitet sie außerdem als Autorin und Redakteurin für Deutsch als Fremdsprache. Kontakt: n.fuegert@yahoo.de.

Die Kooperationsprojekte der beiden Autorinnen beruhen auf langjährigem Erfahrungsaustausch. Die Kulturwissenschaftlerin und die Sprachexpertin kombinieren Ihre Expertise aus unterschiedlichen Fachgebieten. Diese interdisziplinäre Zusammenarbeit kam sowohl bei den beiden ersten Bänden der Reihe *Deutsch für das Studium* zur Anwendung, als auch bei dem ebenfalls im Ernst Klett Sprachen Verlag publizierten „Bewerbungstraining. Kursmaterial Deutsch als Fremdsprache."

➜ **Zitierte Literatur:**

Fischer, Bettina / Kopp, Birgitta (2007): Evaluation of a Western training concept for further education in China. In: Interculture Journal, 4, S. 57–75. Zugriff: http://www.interculture-journal.com/index.php/icj/article/view/61.

Gute Wissenschaft

Hintergrund

In diesem Kapitel reflektieren und vertiefen die Kursteilnehmenden ihr Verständnis davon, was Wissenschaft ist. Eingangs beschäftigen sie sich mit drei Facetten von Wissenschaft, die in den einschlägigen Werken zum wissenschaftlichen Arbeiten und Schreiben üblicherweise nicht thematisiert werden: 1) mit dem kulturell geprägten Blick von Forschenden auf ihren Untersuchungsgegenstand; 2) mit den adäquaten sprachlichen Mitteln, um differenzierende Aussagen zu treffen sowie 3) mit dem realen Verlauf von Forschungsprozessen. Es geht darum, die Kursteilnehmenden

- mit den Grundregeln guten wissenschaftlichen Arbeitens vertraut zu machen,
- zum eigenständigen wissenschaftlichen Arbeiten zu ermutigen,
- zu befähigen, die Qualität ihrer eigenen wissenschaftlichen Arbeiten zu bewerten bzw. entsprechende Rückmeldungen bei den Lehrenden einzuholen.

Auftaktseite

Mögliche Assoziationen mit Wissenschaft sind: Chaos, Wahrheitssuche, Fortschritt, Genius, l'art pour l'art, Intuition, Ordnungsliebe, Berufung, Heureka!, Teamwork, Kontrolle, Zufall, Arbeitswut, Elfenbeinturm, Neugier, Nobelpreis, Leidenschaft, Gesellschaftskritik.

Bei der Besprechung des Zitats von Kruse (1995) ist es wichtig, mit den Kursteilnehmenden herauszuarbeiten, dass mit Kruse die Voraussetzungen, die jemand braucht, um wissenschaftlich zu arbeiten, vergleichsweise gering sind. Eine Person muss nicht fertig studiert und promoviert haben, um für sich in Anspruch nehmen zu können, wissenschaftlich zu arbeiten. Die Auseinandersetzung mit dem Zitat und dem Abgleich mit den eigenen Vorstellungen davon, was Wissenschaft ist, dient dem *Empowerment*, also der Selbstermächtigung, der Studierenden.

Was macht Wissenschaft aus? Laut Otto Kruse: Selbstbewusstsein, Ausdrucksvermögen, Interaktion innerhalb der Forschungsgemeinschaft. Kruse fasst den Maßstab dafür, was er für wissenschaftlich hält, vergleichsweise weich. Nach seiner Definition betreiben bereits Studierende Wissenschaft, nämlich dann, wenn sie ihre eigenen Gedankengänge ernst nehmen, ausformulieren und anderen mitteilen.

Wissenschaft verstehen

Viele Menschen setzen Wissenschaft mit Objektivität gleich und schreiben damit der Wissenschaft eine Sonderstellung zu – als könnte Wissenschaft jenseits kulturell und sozial geprägter Wahrnehmungs- und Deutungsmuster stattfinden. Dieses Unterkapitel soll die Kursteilnehmenden für die Tatsache sensibilisieren, dass auch Forschende das, was sie untersuchen, aus einer eingefärbten Perspektive betrachten. Diese Blickweise lässt sich nicht eliminieren, auch nicht bei naturwissenschaftlichen Experimenten im Labor. Dies zeigen empirisch-historische Studien zur Wissensproduktion. Vielmehr gilt es, sich die Einflüsse der kulturellen Skripte, denen Wahrnehmung und Interpretation unterworfen sind, bewusst zu machen und zu reflektieren. Sonst gerät das Objektivitätspostulat zur bloßen Behauptung, welcher in der konkreten Forschung nicht Rechnung getragen werden kann.

Die kurze Geschichte vom Autounfall produziert idealerweise bei den Kursteilnehmenden einen bleibenden Aha-Effekt. Wenn Sie die Thematik ausbauen wollen, können Sie sich auf eine Studie beziehen, in der untersucht wurde, welche Berufsbezeichnungen welche Assoziationen hervorrufen. Gygax et al. (2008) konnten mit Hilfe von Experimenten zeigen, dass Versuchspersonen bei *Polizisten*, *Statistikern* oder *Physikstudenten* eher an Männer denken, bei *Kassierern*, *Kosmetikern* oder *Psychologiestudenten* eher an Frauen.

➡️ **Zitierte Literatur:**

Gygax, Pascal / Sarrasin, Oriane / Oakhill, Jane / Gabriel, Ute / Garnham, Alan (2008): Generically intended, but specifically interpreted. When beauticians, musicians, and mechanics are all men. In: *Language and Cognitive Processes*, 23 (3): 464–485.

1 Kulturelle Skripte und Wissenschaft

b Am plausibelsten ist die Erklärung 4. Die anderen Erklärungen erscheinen doch eher weit hergeholt und sehr konstruiert.

c Die Irritationen, welche die kurze Geschichte auslöst, weisen auf zwei Aspekte hin: Wird eine Gruppe von Menschen mit der männlichen Form bezeichnet, bringt das die Frauen, die zu der Gruppe gehören, zum Verschwinden. Werden Frauen nicht genannt, werden sie auch nicht gedacht. So werden Frauen unsichtbar. Bei vielen Berufen denken wir eher an Männer oder eher an Frauen, je nachdem, wer in unserer Vorstellung üblicherweise diesen Beruf ausübt oder auch vermeintlich am besten für einen Beruf geeignet ist. Chirurgen werden meist als Männer gedacht. Dem liegen traditionelle Rollenbilder zugrunde: Ein Chirurg braucht gute Nerven und eine starke Physis, ist also eher ein Mann.

2 Präzision in Denken, Sprechen und Schreiben

Aufbauend auf das vorhergehende Unterkapitel, werden hier die verschiedenen Varianten vorgestellt, mit denen eine sprachliche Differenzierung vorgenommen werden kann. In den Übungssequenzen wird absichtsvoll eine Grundsatzdiskussion über geschlechterbewusste Sprache vermieden, stattdessen werden die praktischen Aspekte der Umsetzung fokussiert. Der Ansatz ist, auch skeptische Kursteilnehmer_innen von Sinn und Zweck geschlechterbewusster Sprachregelungen zu überzeugen, indem mit der Vorübung (kurze Geschichte vom Autounfall) auf die problematischen Implikationen einer generalisierenden Sprache hingewiesen wurde. Es wird aber von der Gruppe abhängen, ob es tatsächlich funktioniert, keine Grundsatzdiskussion aufkommen zu lassen. Das Argument, das in diesem Unterkapitel für eine geschlechterbewusste Sprachregelung vorgebracht wird, ist nicht außer-, sondern innerwissenschaftlich, nämlich die wissenschaftliche Präzision.

Mittlerweile existieren mehrere Leitfäden für ein geschlechterbewusstes Schreiben in der Wissenschaft, z. B. die von der AG Feministisch Sprachhandeln der Humboldt-Universität zu Berlin herausgegebene Online-Broschüre „W_Ortungen statt Tatenlosigkeit". Abrufbar unter: http://feministisch-sprachhandeln.org

a

Variante	Merkmale	politische Wirkung
generisches Femininum	Ausschließlicher Gebrauch der weiblichen Form	öffentliche Aufmerksamkeit erzielen; generisches Maskulinum ad absurdum führen; ein Zeichen setzen
neutraler Sprachgebrauch	Vermeidung weiblicher und männlicher Formen	Realisierung gerechter Sprache oder Frauen unsichtbar machen und gesellschaftliche Machtverhältnisse verschleiern
männliche und weibliche Form	Nennung beider Formen in identischer Reihenfolge	Zweigeschlechtlichkeit manifestieren
Binnen-I	kleines i in der weiblichen Form wird durch das große I ersetzt	Zweigeschlechtlichkeit manifestieren
Unterstrich bzw. Sternchen	das kleine i bzw. das Binnen-I wird durch Unterstrich bzw. Sternchen ersetzt	Zweigeschlechtlichkeit hinterfragen und unterwandern

d **1 die beiden Geschäftsführer**
generisches Femininum: die beiden Geschäftsführerinnen
neutraler Sprachgebrauch: die beiden die Geschäfte führenden Personen; die beiden Geschäftsführenden
männliche und weibliche Form: der Geschäftsführer und die Geschäftsführerin
Binnen-I: die GeschäftsführerInnen
Unterstrich bzw. Sternchen: die Geschäftsführer*innen

2 jeder Arbeitslose
generisches Femininum: jede Arbeitslose
neutraler Sprachgebrauch: jede arbeitslose Person
männliche und weibliche Form: jeder und jede Arbeitslose
Binnen-I: hier nicht möglich
Unterstrich bzw. Sternchen: jede*r Arbeitslose (* nicht am Substantiv möglich)

3 die Antragsteller
generisches Femininum: die Antragstellerinnen
neutraler Sprachgebrauch: die Antragstellenden; diejenigen, die einen Antrag stellen
männliche und weibliche Form: die Antragstellerinnen und Antragsteller
Binnen-I: die AntragstellerInnen
Unterstrich bzw. Sternchen: die Antragsteller_innen

4 alle Interessenten
generisches Femininum: die Interessentinnen
neutraler Sprachgebrauch: alle Interessierten; alle, die daran interessiert sind
männliche und weibliche Form: alle Interessentinnen und Interessenten
Binnen-I: alle InteressentInnen
Unterstrich bzw. Sternchen: alle Interessent*innen

5 die Verfasser des Werks

generisches Femininum: die Verfasserinnen des Werkes

neutraler Sprachgebrauch: wer das Werk verfasst hat

männliche und weibliche Form: der Verfasser oder die Verfasserin des Werkes

Binnen-I: die VerfasserInnen des Werkes

Unterstrich bzw. Sternchen: die Verfasser_innen des Werkes

6 die Friedensnobelpreisträger

generisches Femininum: die Friedensnobelpreisträgerinnen

neutraler Sprachgebrauch: jene, die den Friedensnobelpreis verliehen bekommen haben

männliche und weibliche Form: die Friedensnobelpreisträger und -trägerinnen

Binnen-I: die FriedensnobelpreisträgerInnen

Unterstrich bzw. Sternchen: die Friedensnobelpreisträger*innen

7 die Gewerkschafterinnen

generisches Femininum: die Gewerkschafterinnen

neutraler Sprachgebrauch: jene, die einer Gewerkschaft angehören

männliche und weibliche Form: die Gewerkschafter und Gewerkschafterinnen

Binnen-I: die GewerkschafterInnen

Unterstrich bzw. Sternchen: die Gewerkschafter*innen

8 zahlreiche Unterzeichner

generisches Femininum: zahlreiche Unterzeichnerinnen

neutraler Sprachgebrauch: zahlreiche Unterzeichnende

männliche und weibliche Form: zahlreiche Unterzeichner und Unterzeichnerinnen

Binnen-I: zahlreiche UnterzeichnerInnen

Unterstrich bzw. Sternchen: zahlreiche Unterzeichner*innen

9 die Verkäufer

generisches Femininum: die Verkäuferinnen

neutraler Sprachgebrauch: jene, die verkaufen / im Verkauf Tätige / tätig sind

männliche und weibliche Form: Verkäufer und Verkäuferinnen

Binnen-I: VerkäuferInnen

Unterstrich bzw. Sternchen: Verkäufer*innen

10 die Interviewerinnen

generisches Femininum: die Interviewerinnen

neutraler Sprachgebrauch: jene, die das Interview führen

männliche und weibliche Form: die Interviewer und Interviewerinnen

Binnen-I: die InterviewerInnen

Unterstrich bzw. Sternchen: die Interviewer*innen

---

3 Das „Gemachtsein" wissenschaftlicher Texte

Dieses Unterkapitel richtet sich an fortgeschrittene Studierende. Wenn Studierende mit wissenschaftlichen Texten konfrontiert sind, gewinnen sie unserer Erfahrung nach den Eindruck, dass erfahrene Forschende ihre Untersuchungen stringent aufbauen, wie geplant realisieren und in ihrem Text vollständig offenlegen, wie sie vorgegangen und zu welchen Ergebnissen sie gekommen sind. Gewinnen die Studierenden diesen Eindruck von Wissenschaft, hinterfragen sie ihr eigenes Tun kritisch oder halten es gar für unwissenschaftlich. Sie nehmen an, die Standards nicht erfüllen zu können. Das kann zu Schreibblockaden führen.

Deshalb halten wir es für wichtig, die Studierenden darüber zu informieren, dass das Endprodukt der Forschung, der wissenschaftliche Text, lediglich eingeschränkt Aufschluss über die tatsächliche

Forschungspraxis zulässt. Sie ist in viel stärkerem Ausmaß, als die Wissenschaft dies glauben machen will, ein Prozess des *trial and error*. Diese Suchbewegung allerdings wird in den allermeisten Publikationen nicht sichtbar gemacht, sondern im Gegenteil eliminiert. Präsentiert wird ein kohärentes Ganzes. Die intellektuelle Anstrengung, dieses Ganze herzustellen, wird nicht transparent gemacht.

Daher ist es wichtig, die Studierenden davon abzuhalten, ihre eigenen Texte an veröffentlichten Arbeiten zu messen. Es ist wichtig, ihnen die Konstruktionsleistung zu verdeutlichen, die hinter publizierten Studien steckt. Zu diesem Zweck sollen die Ausführungen von Pierre Bourdieu zur konstruierten Linearität wissenschaftlicher Texte gelesen und verstanden werden.

a 1 Eingrenzung des Forschungsbereichs, 2 Entwicklung des Forschungssettings, 3 Umsetzung des Forschungssettings, 4 Auswertung der Befunde, 5 Einordnung der Befunde in die vorliegende Forschung

c Bourdieu verweist darauf, dass Wissenschaft und Praxis einer unterschiedlichen Logik folgen. Im Gegensatz zur Praxis, der diese Möglichkeit nicht zur Verfügung steht, kann die Wissenschaft die Zeit aushebeln. Nur in der Wissenschaft ist es möglich, einen Schritt zurückzutreten vom aktuellen Geschehen, sich über Zusammenhänge klar zu werden, Auswirkungen und Widersprüche aufzuzeigen. Dies kann, so Bourdieu, den Anschein erwecken, dass die Wissenschaft über alles Bescheid weiß.

d Vermutlich kennen Sie keine Publikationen aus Ihrem Fachbereich, in denen misslungene Forschungsprozesse thematisiert werden. Das liegt nicht daran, dass Sie keinen vollständigen Überblick über die Veröffentlichungen haben. Vielmehr ist das ein Indiz dafür, dass es unüblich ist, mit Forschungen an die Fachöffentlichkeit zu gehen, die nicht erfolgreich verlaufen sind. Eine Erklärung dafür ist: In der internationalen Wissenschaftspraxis ist es unüblich, den realen Forschungsverlauf darzulegen. Niemand will von den langwierigen und mühsamen Versuchen lesen, die Forschende angestellt haben, bevor sie zu ihren Ergebnissen gekommen sind. Fehlentscheidungen und Irrwege, das Misslingen und Scheitern also, werden selten publik gemacht. Veröffentlicht werden fast ausschließlich erfolgreich verlaufene Studien.

e Argumente können sein:
- Auch gescheiterte Untersuchungen können zum Erkenntnisgewinn beitragen, denn auch sie enthalten wertvolle Informationen über den Forschungsgegenstand.
- Indem nicht über misslungene Untersuchungen berichtet wird, besteht die Gefahr, dass an einem anderen Forschungsinstitut einer ähnlichen Fragestellung mit einer vergleichbaren Methode nachgegangen wird. Dadurch werden Ressourcen verschwendet.
- Die Norm, nur über erfolgreiche Studien zu publizieren, erhöht den Druck auf die Forschenden und begünstigt Fälschungen – entsprechende Fälle sind bekannt.

Aus Bourdieus Warnung vor der Allwissenheit der Wissenschaft lassen sich weitere Argumente ableiten:
- Den Eindruck zu erwecken, allwissend zu sein, kann eine Demonstration von Macht sein.
- Ein gesundes Maß an Selbstzweifel ist wichtig, um zu guten Forschungsergebnissen zu kommen.
- Es sind Fälle bekannt, in denen Wissenschaftler_innen selbst daran glaubten, allwissend zu sein. Sie betrogen die Fachöffentlichkeit mit Fälschungen, die jedoch irgendwann ans Licht kamen.

Standards wissenschaftlichen Arbeitens

1 Objektivität

Das Lernziel dieses Unterkapitels ist es zu vermitteln, dass Objektivität die Nachvollziehbarkeit für andere Forschende bedeutet. Hiermit greifen wir eine sehr einflussreiche Begriffsbestimmung auf, nämlich die des Wissenschaftsphilosophen Karl Popper. Unserer Erfahrung nach kursieren viele Fehlannahmen über Objektivität, z.B. wird sie häufig gleichgesetzt mit einer universell geltenden Wahrheit. Diese Irrtümer sollten in dieser Übungseinheit ausgeräumt werden. Zudem werden die Unterschiede zwischen einer qualitativen und einer quantitativen Vorgehensweise verdeutlicht, denn viele Studierende haben damit Probleme.

b 2 Germany's next Top Model: qualitativ, Interview mit W-Fragen, 3 Viel befahrene Straße: quantitativ, Verkehrszählung, 4 Telefoninterviews zur Todesstrafe: quantitativ, Meinungsumfrage, 5 Campus-Zeitung: qualitativ, Nutzer-Befragung, 6 Professorin für Medizin: qualitativ, Experteninterview.

c 1 quantitativ: die Grafik basiert auf der Gesamtanzahl der Altersgruppe sowie auf der Anzahl der Immatrikulationen an bundesdeutschen Hochschulen nach Jahren.
2 qualitativ: die Untersuchungsergebnisse basieren auf der Beobachtung des Schulunterrichts.
3 quantitativ: die Aussagen gründen auf den Immatrikulationen nach Fach- und Geschlechtszugehörigkeit an bundesdeutschen Hochschulen.

d Wissenschafts- und Fachsprache verwenden; Datenerhebung: mithilfe einer bereits erprobten Methode oder mit Hilfe einer neuen, gut begründeten und beschriebenen Methode; sicherstellen, dass der / die Forschende selbst nicht das Ergebnis beeinflusst; Originaldaten sicher abspeichern und zehn Jahre aufheben.

e Objektivität = intersubjektive Nachprüfbarkeit = Nachvollziehbarkeit für andere Forschende. Diese Nachvollziehbarkeit für andere Forschende wird gewährleistet durch Anwendung bewährter Verfahren und durch strikte Befolgung der Verfahrensregeln, durch umfassende Dokumentation von Datenerhebung und -analyse sowie durch nachvollziehbare Mitteilung der Ergebnisse und Schlussfolgerungen.

f Nein, hinsichtlich der intersubjektiven Nachprüfbarkeit gibt es keine Unterschiede zwischen quantitativen und qualitativen Methoden. Beide sind gleichermaßen anspruchsvoll in dem Sinne, dass viel beschrieben und erklärt werden muss, um die eigene Forschung anderen Wissenschaftler_innen verständlich zu machen. Viele Forschende sorgen für Transparenz, indem sie im Anhang ihrer Arbeit die Instrumente veröffentlichen, mit denen sie gearbeitet haben, z.B. ihre Interviewleitfäden.

g Ihre Definition von Objektivität könnte folgendermaßen aussehen: Objektivität bedeutet die Nachvollziehbarkeit einer Forschungsarbeit für andere Wissenschaftler_innen und nicht eine universell geltende Wahrheit.

2 Originalität und Relevanz

Diese beiden Aspekte werden eher kurz abgehandelt, weil sie für Studierende vergleichsweise wenig bedeutend sind, wie im Unterkapitel zu den Bewertungskriterien studentischer Texte verdeutlicht wird. Sie können die Kursteilnehmenden darauf hinweisen, dass Originalität häufig über- und Konventionalität oft unterschätzt wird. Das Beispiel von Darwins Evolutionstheorie führt genau diesen Umstand vor Augen: Landläufig wird Darwin die Revolutionierung der Biologie zugeschrieben, also der Aspekt der Originalität hervorgehoben. Dass er eine Darstellungsform für seine Forschungsergebnisse wählte, die nicht seiner realen Vorgehensweise entsprach, sondern den Konventionen seiner Zeit folgte, betont hingegen den Aspekt der Konventionalität. Die Anforderung an fortgeschrittene Wissenschaftler_innen besteht genau darin: Originalität und Konventionalität in eine gute Balance zueinander zu bringen, um Anerkennung zu finden.

Im Übrigen widersprechen die US-amerikanischen Vertreter_innen der *Rhetoric of Science* der Kuhnschen Auffassung von der sprunghaften Entwicklung von Wissenschaft. In seinem Hauptwerk „The Structure of Scientific Revolutions" beschreibt Thomas S. Kuhn die Wissenschaft als eine Folge von Phasen der Normalwissenschaft und von wissenschaftlichen Revolutionen. Eine Revolution ist nach Kuhn ein Paradigmenwechsel. Die Vertreter_innen der *Rhetoric of Science* bestreiten die Existenz solcher harten Brüche und betonen die Kontinuität von Wissenschaft.

Zitierte Literatur:

Kuhn, Thomas S. (1962). The Structure of Scientific Revolutions (1st ed.). University of Chicago Press.

a **Originalität:** Einfallsreichtum, ~~Ästhetik~~, ~~Konvention~~, Erfindungsgabe, Kreativität, ~~Humor~~, Imagination

Relevanz: ~~Niveau~~, Bedeutsamkeit, Wichtigkeit, ~~Essenz~~, Stellenwert, Tragweite, ~~Substanz~~

b

Qualitätskriterium	Realisierung
Originalität	2, 3, 5, 6, 7
Relevanz	1, 4, 8

c ☒ 1, ☒ 2, ☐ 3

3 Ehrlichkeit

Dieser Standard wird hier mit Fokus auf dem korrekten Zitieren behandelt. Die Kursteilnehmenden sollen für die Problematik des Plagiats und des Ghostwritings sensibilisiert und von diesen Praktiken abgehalten werden.

a Die Grafik zeigt, dass die Dissertation von Karl-Theodor zu Guttenberg so gut wie keine selbst formulierten Textteile aufweist, und zwar durchgängig.

Bewertungskriterien studentischer Texte

Nachdem auf einer allgemeingültigen Ebene ausgewählte Standards wissenschaftlichen Arbeitens vorgestellt worden sind, geht es in diesem Unterkapitel um die Frage, welche Bedeutung diese Standards für studentische Texte haben. Die Bewertungskriterien verdeutlichen erstens die Lernziele für Studierende hinsichtlich der Techniken wissenschaftlichen Arbeitens. Sie liefern zweitens Anhaltspunkte dafür, die Qualität der eigenen Arbeit einschätzen und Rückmeldungen von den Lehrkräften einholen zu können.

1 Anforderungen an studentische Texte

a

☒ Eine sorgfältige Analyse betreiben.	☐ Eine neue Fragestellung bearbeiten.	☒ Eine ausreichende Anzahl an Untersuchungen durchführen.
☒ Aspekte miteinander verknüpfen, die bisher nicht in Beziehung zueinander gesetzt wurden.	☐ Eine originelle Arbeit schreiben.	☒ Die zentrale Forschungsfrage beantworten.
☒ Die Mehrdeutigkeit alltagssprachlicher Begriffe vermeiden.	☒ Alternative Interpretationsmöglichkeiten diskutieren.	☒ Sämtliche benutzte Quellen angeben.
☒ Eigene Gedanken entwickeln und zum Ausdruck bringen.	☐ Den Stand der Forschung um eigene Ergebnisse erweitern.	☐ Die Forschungsergebnisse in den wissenschaftlichen Diskurs einbringen.
☒ Die Bedingungen festlegen, unter denen der Gegenstand erforscht werden soll.	☐ Über den Gegenstand Dinge herausfinden, die noch nicht bekannt sind.	☒ Die Ergebnisse anderer Forschender diskutieren.
☐ Den Gegenstand aus einer neuen Perspektive betrachten.	☒ Die Untersuchungsbedingungen standardisieren.	☒ Untersuchungsergebnisse, die nicht ins Raster passen, nicht manipulieren oder verschweigen.
☒ Den Forschungsgegenstand genau umreißen.	☐ Mit der Studie einen Nutzen für andere erzeugen.	

2 Gewichtung der Anforderungen

a
1 Eine sorgfältige Analyse betreiben. _6_
2 Eine originelle Arbeit schreiben. _1_
3 Gedanken und Ergebnisse anderer kenntlich machen. _7_
4 Sämtliche benutzte Quellen angeben. _8_
5 Mit der Studie einen Nutzen für andere erzeugen. _2_
6 Mit der Arbeit zeigen, dass man eigene Interpretationen ausarbeiten und in Worte fassen kann. _4_
7 Den Gegenstand aus einer neuen Perspektive betrachten. _5_
8 Die Ergebnisse anderer Forschender diskutieren. _3_

TABUFRAGE

Praxisempfehlung: Die Frage nimmt noch einmal Bezug auf die für Studierende zentrale Anforderung, ehrlich zu arbeiten. Sie können sie in Ihren Kurs einbinden, indem Sie zwei Teams bilden. Unabhängig von der tatsächlichen Einstellung der Studierenden soll das eine Team die in der Tabufrage getroffene Aussage verteidigen, das andere Team soll Argumente dagegen sammeln. Dann sollen sich die beiden Teams einen rhetorischen Schlagabtausch liefern. Lassen Sie danach alle Kursteilnehmenden darüber abstimmen, welcher Position sie sich anschließen. Verdeutlichen Sie abschließend, dass es nicht im privaten Ermessen liegt, sich an die Regeln zu halten oder zu betrügen, und dass es keine Grauzonen gibt. Im Gegensatz zu vielen anderen Belangen an Hochschulen (⊙ Band 1, Kap. A, Spielregeln) ist die Art und Weise, wie mit Quellen zu verfahren ist, eindeutig und unmissverständlich geregelt.

Lösungsvorschlag: Das ist eine provokante Frage. Sie betrifft die Forschungsethik. Betrug findet nicht nur dann statt, wenn er von anderen entdeckt wird, wie im Fall Karl-Theodor zu Guttenbergs. Betrug beginnt dort, wo ich in voller Absicht andere in die Irre führe. Fälschungen herzustellen oder in Auftrag zu geben, ist ein besonders schwerwiegender Verstoß gegen die Forschungsethik. Sich dabei den anderen überlegen zu fühlen, verweist auf einen Menschen, der noch einen weiten Weg vor sich hat, um zum / zur Wissenschaftler_in zu reifen.

TEST

1b, 2a, 3a, 4b, 5a

Korrekt zitieren

Hintergrund

Die wissenschaftliche Technik des Zitierens hat einen zentralen Stellenwert bei der Ausbildung der Studierenden. Um diesen hohen Rang auch in der Gliederung des Lehrwerks zu verdeutlichen, widmen wir diesem Thema ein Extra-Kapitel. Vermittelt wird erstens Kontextwissen, indem die Funktionen des Zitierens beleuchtet werden. Zweitens erhalten die Kursteilnehmenden das grundlegende Rüstzeug für korrektes Zitieren; die Vertiefung wird im Intensivtrainer geleistet.

Die Lernziele sind folgende: Die Kursteilnehmenden sollen verinnerlichen, dass es zwei Möglichkeiten gibt, sich auf die Gedanken anderer zu beziehen, das direkte Zitat und die Paraphrase; dass der nicht sorgfältige Umgang mit den formalen Zitierregeln zu einer schlechteren Bewertung ihrer Texte führt; dass sich die Formalia von Wissenschaftskultur zu Wissenschaftskultur unterscheiden und dass es in manchen Fällen eines sehr genauen Auges bedarf, um die Unterschiede zu identifizieren. Darüber hinaus sollen sich die Kursteilnehmenden die Grundsätze des Zitierens einprägen.

Auftaktseite

Der Einstieg in die Lektion zum Zitieren nähert sich dem Thema über die Frage, was die Wissenschaft ohne Zitate wäre. Die Kursteilnehmenden sollen durch die Illustrationen zum Nachdenken über diese hypothetische Frage angeregt werden. Sie sollen von selbst darauf kommen, wie unverzichtbar Zitate für die wissenschaftliche Praxis sind. Dieser Gedanke wird im Folgekapitel aufgegriffen und vertieft. Vorschläge für passende Adjektive: selbstbezogen, egozentrisch, abgeschottet, weltabgewandt, ignorant, eingeengt, fixiert.

Funktionen von Zitaten

 Zitate, wissenschaftlicher Diskurs und *impact factor*

In diesem Kapitel steht die Sensibilisierung für den Stellenwert von Zitaten im wissenschaftlichen Diskurs im Vordergrund. Die Kursteilnehmenden sollen die an sie herangetragene Anforderung einordnen können. Sie sollen verstehen, warum darauf in ihrer Ausbildung an den Hochschulen so viel Wert gelegt wird.

In diesem Kapitel beschäftigen sich die Kursteilnehmenden mit den Funktionen von Zitaten (**Aufgaben 1a und 1b**). Hier wird der Begriff ‚wissenschaftlicher Diskurs‘ in Erinnerung gerufen (insofern die Kursteilnehmenden mit Band 1, Kap. D, S. 106 f. gearbeitet haben) bzw. eingeführt. Zudem wird mit dem *Impact Factor* eine Maßeinheit thematisiert, deren Bedeutung in den vergangenen Jahren stark zugenommen hat. Anhand dieses Beispiels soll veranschaulicht werden, welches Gewicht dem Zitieren innerhalb des internationalen Wissenschaftsbetriebs zukommt (**Aufgabe 1c**).

a Mögliche Diskussionsergebnisse könnten sein:

1 Dieser Aussage kann zugestimmt werden. Eine extreme Form, den Bekanntheitsgrad anderer zu erhöhen, sind sogenannte Zitierkartelle, also informelle Netzwerke von Personen, die sich gegenseitig unterstützen, indem sie gezielt die Werke der anderen aus dem Netzwerk in ihren eigenen Texten zitieren, um sie in ihre Bibliografie aufnehmen zu können. Als Gegengabe werden wiederrum sie selbst von den anderen zitiert. Das Ganze läuft auf ein Tauschgeschäft hinaus, das wenig mit der Qualität der wissenschaftlichen Arbeit zu tun haben muss.

2 Dieser Aussage kann zugestimmt werden. Bereits in der antiken Rhetorik, also der Lehre von der Überzeugungskunst im alten Griechenland und im alten Rom, wurde dieses Prinzip erkannt und zum eigenen Nutzen eingesetzt. Geborgte Autorität ist ein zentrales Prinzip der Argumentation, auch in der Wissenschaft.

3 Diese Aussage ist eher problematisch. ‚Aneignung‘ ist ein sehr starkes und daher eher unzutreffendes Wort, im wissenschaftlichen Diskurs geht es mehr darum, die Gedanken und Ergebnisse anderer zur Kenntnis zu nehmen und sich darauf zu beziehen.

b Die Bedeutung des lateinischen Ursprungswortes von ‚Text‘ ist ‚Gewebe‘ bzw. ‚Geflecht‘.

c **Formulierungsvorschlag:** Zitate können insofern als Währung bezeichnet werden, als sie eine wichtige Bedeutung für die Karriere von Wissenschaftler_innen haben. Beim Auswahlverfahren für eine Professur spielt die Publikationsliste eine zentrale Rolle. Kann ein/e Bewerber_in Veröffentlichungen in angesehenen Fachzeitschriften vorweisen, steigen seine / ihre Chancen, für die Professur ausgewählt zu werden.

Formen des Zitats

1 Direktes und indirektes Zitat

In diesem Kapitel geht es darum zu verstehen, was überhaupt Zitate sind – dass sich Zitate nicht auf die wörtliche Wiedergabe von Äußerungen beschränken, sondern dass sie auch Paraphrasen einschließen (**Aufgabe 1a**).

a 1 ☒ direktes Zitat; erkennbar an den doppelten Anführungszeichen sowie an der Quellenangabe: Bundespräsident Richard von Weizsäcker sagte am 8. Mai 1985: „Viele Völker gedenken heute des Tages, an dem der Zweite Weltkrieg in Europa zu Ende ging. Seinem Schicksal gemäß hat jedes Volk dabei seine eigenen Gefühle. Sieg oder Niederlage, Befreiung von Unrecht und Fremdherrschaft oder Übergang zu neuer Abhängigkeit, Teilung, neue Bündnisse, gewaltige Machtverschiebungen – der 8. Mai 1945 ist ein Datum von entscheidender historischer Bedeutung in Europa." (Weizsäcker 1985: 1)

2 ☒ direktes Zitat; erkennbar an den doppelten Anführungszeichen sowie an der Quellenangabe: In seiner Rede am 8. Mai 1985 erklärte der Bundespräsident mit Blick auf das Gedenken an das Kriegsende, angesichts unterschiedlicher Schicksale und Erfahrungen „hat jedes Volk dabei seine eigenen Gefühle". Auf jeden Fall jedoch „[ist, D.A.] der 8. Mai 1945 ein Datum von entscheidender historischer Bedeutung in Europa." (Weizsäcker 1985: 1)

3 ☒ indirektes Zitat; erkennbar am Fehlen doppelter Anführungszeichen, am Konjunktiv I von ‚lösen' sowie an der Quellenangabe:
Richard von Weizsäcker (1985) betonte die historische Bedeutung des 8. Mai 1945. Das Gedenken an das Kriegsende löse bei den Völkern Europas angesichts der verschiedenen, mit diesem Tag verknüpften Schicksale unterschiedliche Gefühle aus – so seine Feststellung. (Weizsäcker 1985 ebd.: 1)

2 Plagiate

In diesem Unterkapitel arbeiten wir mit dem Prinzip der Umkehrung: Es wird nicht erklärt, wie korrektes Zitieren geht, sondern es werden die Formen unkorrekten Zitierens dargestellt. Das Lernziel besteht darin, diese Formen im eigenen wissenschaftlichen Schreiben zu vermeiden. Dies ist eines der zentralen Ziele der Ausbildung von Studierenden an den bundesdeutschen Hochschulen.

Hierbei stützen wir uns neben den eigenen Unterrichtserfahrungen auf die empirischen Ergebnisse des *Citation Project* (Jamieson 2013). Zwar wurden diese Daten in den USA erhoben, aber wir halten sie für übertragbar. Für den bundesdeutschen Hochschulkontext existiert derzeit keine vergleichbare Studie.

Das Datenkorpus des *Citation Project* umfasst 800 Seiten bzw. 174 Aufsätze, die von Erstsemester-Studierenden aus 16 Colleges und Hochschulen in den USA verfasst wurden. Mit der Aufgabenstellung wurden ihnen verschiedene Quellentexte zur Verfügung gestellt. Die Auswertung der Aufsätze (*research papers*) lässt auf Defizite des wissenschaftlichen Arbeitens und Schreibens schließen: 46 % der Zitate stammen von der ersten Seite einer der Quellen, 23 % von der zweiten Seite. 77 % beziehen sich auf die ersten drei Seiten einer der Quellen – unabhängig vom tatsächlichen Umfang der wissenschaftlichen Abhandlung. Lediglich 9 % der Zitate stammen von der achten oder einer noch höheren Seite. Zudem wurden 57 % der Quellen nur einmal pro Text zitiert und 76 % zweimal.

Diese bedenklichen Befunde führt Jamieson nicht auf die intellektuelle Faulheit der Studienteilnehmer_innen zurück, sondern auf Defizite der Schreibdidaktik. Es bestehe nämlich eine große Diskrepanz zwischen dem, was Hochschullehrende als gegeben voraussetzten und dem, was Studienanfänger_innen tatsächlich mitbrächten. Daher würden sie ihrer Zielgruppe nicht gerecht und könnten sie nicht dort abholen, wo sie aktuell stehen.

In ihrer Studie zeigt Jamieson u. a. die folgenden Probleme von Studierenden der ersten Semester mit der Lese- und Schreibpraxis auf. Viele Studierenden seien mit komplexen Argumentationen in Originaltexten überfordert. Sie praktizierten eine unvorteilhafte Arbeitstechnik: Sie bearbeiteten Satz für Satz und nicht Abschnitt für Abschnitt. Daher fehle ihnen bis zum Schluss ein Überblick über den gesamten Text. Häufig erfassten sie nicht die Hauptaussagen von Texten, was sich darin zeige, dass sie in ihrem eigenen Text eng am Originaltext blieben. Wobei dieser Befund nicht verallgemeinert werden sollte, denn in der Regel gelinge und misslinge Studierenden in ein und demselben Text Paraphrasen bzw. Zusammenfassungen.

Aus der Empirie leitet Jamieson u. a. die folgende Schlussfolgerung ab: Die Praktiken von Studierenden seien in den meisten Fällen als ein Fehlgebrauch der Quellen (*misuse of sources*) aufgrund fehlender Kenntnisse und Fähigkeiten und nicht als ein Plagiieren in betrügerischer Absicht zu interpretieren. In erster Linie sei daher die Wissenschaftsdidaktik gefragt; juristische Interventionen seien nur in Ausnahmefällen angemessen.

Diesen Überlegungen trägt das Kapitel Rechnung, es geht hier um eine Sensibilisierung der Kursteilnehmenden für das Phänomen ‚Plagiat'. Zur Schärfung des Problembewusstseins werden zentrale Ergebnisse des *Citation Project* vorgestellt (**Aufgabe 2a**), Fallbeispiele besprochen (**Aufgabe 2b**) und es wird eine interkulturelle Perspektive eingenommen (**Aufgabe 2c**).

a Der zentrale Befund des *Citation Project* ist, dass Studierende nicht deshalb Zitierfehler begehen, weil sie absichtlich betrügen wollen, sondern weil sie keine ausreichenden Kenntnisse über das korrekte Zitieren besitzen. Das führt die Autorin Sandra Jamieson auf eine mangelhafte Hochschuldidaktik zurück.

b **Nina:** Es handelt sich um ein Plagiat, wenn sie nicht den Anfang und das Ende des übernommenen Textes kenntlich macht.

Jean: Es handelt sich um ein Strukturplagiat, wenn Jean die Reihenfolge übernimmt. Außerdem sollte er grundsätzlich jede Quelle selbst prüfen, um sicherzugehen, dass sie wortgenau und im richtigen Kontext wiedergegeben wurde.

Peter: Doch. Auch auf diese Weise entsteht ein Strukturplagiat, für das Peter bestraft werden kann.

c **Simon:** Grundsätzlich entsteht ein Plagiat immer dann, wenn jemand ein Original kopiert. Das kommt im Wirtschaftsleben genauso vor wie in der Wissenschaft. In der Wissenschaft entsteht ein Plagiat dann, wenn jemand in einem eigenen Text die Gedanken anderer wiedergibt oder die Formulierungen anderer abschreibt, ohne diese Übernahme von Gedanken zu kennzeichnen, also ohne die Quellen anzugeben.

Wei: Beim wissenschaftlichen Schreiben zwischen eigenen und fremden Gedanken zu unterscheiden, ist deshalb wichtig, weil auf diese Weise der wissenschaftliche Standard der Ehrlichkeit erfüllt wird. Dass diesen Standard bereits Studierende einhalten, wird an bundesdeutschen Hochschulen für sehr wichtig erachtet. Deshalb reicht es nicht, die relevante Literatur zu lesen und darüber zu schreiben. Vielmehr müssen alle Gedanken und Formulierungen, die nicht die eigenen sind, als fremde Gedanken und Formulierungen erkennbar sein.

Teresa: Das Raubkopieren chinesischer Produzenten wird in deutschen Medien skandalisiert, weil es sich dabei um die Verletzung von Urheberrechten handelt.

Formal korrekt zitieren

In diesem Kapitel werden das deutsche und das amerikanische Zitiersystem vorgestellt. Außerdem wird eine Auswahl der wichtigsten Formalia und der gebräuchlichsten Abkürzungen behandelt. Das erste Unterkapitel leitet dazu an, die beiden möglichen Zitiersysteme zu unterscheiden (**Aufgabe 1a**), die Fachspezifik herauszuarbeiten (**Aufgabe 1b**) und die Regel zu vermitteln, dass beide Zitierweisen nicht vermischt werden dürfen (**Aufgabe 1c**). In Aufgabe 1c wird außerdem ein Bezug zum Plagiat-Kapitel hergestellt. Einer der in das Textbeispiel eingebauten Fehler ist nämlich, dass die Paraphrase im letzten Nebensatz nicht mit einer Quellenangabe versehen wurde.

In Form eines Tests werden die wichtigsten Formalia thematisiert (**Aufgabe 2a**). Mit den Abkürzungen wird ein zentraler Aspekt zur Vertiefung herausgegriffen (**Aufgabe 2b**).

Im Hinblick auf die Formalia und Abkürzungen geht es in erster Linie um die Sensibilisierung für ein Thema, das unserer Erfahrung nach viele Studierende als eher lästig empfinden. In Schreibkursen steht schnell der Vorwurf im Raum, dass sich hier die penible Art, die den Deutschen gern unterstellt wird, durchsetzt. Wir empfehlen in diesem Fall, die Perspektive umzukehren: Indem die Studierenden auf Einheitlichkeit von Zitierweise und formaler Details in ihren wissenschaftlichen Texten achten, erfüllen sie vergleichsweise einfach ein zentrales Kriterium für eine gute Bewertung ihrer Arbeit.

1 Deutsches und amerikanisches Zitiersystem

a 1 amerikanische Zitierweise. 2 deutsche Zitierweise

c In dem Text wurden die amerikanische und die deutsche Zitierweise verwendet. Da die erste verwendete Zitierweise die amerikanische ist, wurde der Text entsprechend der Vorgaben dieser Zitierweise korrigiert. Beachten Sie: Auch die Paraphrase im letzten Nebensatz, erkennbar an Konjunktiv I, muss mit einer Quellenangabe versehen werden.

Lösung: In deutschen Medien wird immer wieder von Raubkopien westeuropäischer und US-amerikanischer Markenartikel in China berichtet. Diese Praxis wird als Skandal betrachtet, weil sie die Urheberrechte verletzt. Aber nicht nur im Hinblick auf das Wirtschaftsleben, sondern auch auf die Wissenschaft wird die Frage von Original und Kopie diskutiert. In China – anders als in Europa und den USA – ist es nicht Standard, fremdes geistiges Eigentum auszuweisen (Nissel 2012: 53). Chinesische Studierende verknüpften „eigene Gedanken mit fremden Quellen, ohne letztere mit Nachweisen zu versehen" (ebd.: 53) so, wie das in früheren Jahrhunderten auch in Europa üblich gewesen sei (ebd.: 53).

2 Formalia und Abkürzungen

a 1b, 2b, 3c, 4b, 5a, 6b, 7b, 8a

b ebd. = ebenda;
o. A. = ohne Angabe; wenn beispielsweise die Jahres- oder die Ortsangabe fehlt
zit. n. = zitiert nach; wenn das direkte Zitat nicht aus einem Werk der zitierten Person stammt, sondern aus einem anderen Werk
o. J. = ohne Jahr; wenn die Jahresangabe fehlt
vgl. = vergleiche; wenn man bei einem indirekten Zitat auf die Quelle verweist
et al. = et alii (aus dem Lateinischen: und andere); eine Variante, die Quellenangabe dann zu verkürzen, wenn es mehrere Autor_innen gibt; nicht im Literaturverzeichnis zu verwenden, hier müssen alle Autor_innen genannt werden.
Bd. = Band; bei einer Veröffentlichung aus einer Reihe
Hg. bzw. Hrsg. = Herausgeber_in; falls vorhanden, ist dies eine verpflichtende Angabe
f. = folgende (Seite); wenn man weniger als drei Seiten zitiert
ff. = folgende (Seiten); wenn man drei oder mehr Seiten zitiert
Hervorh. i. O. = Hervorhebung im Original; wenn man eine Passage direkt zitiert, muss man auch die kursiv bzw. fett gesetzten Wörter originalgetreu übernehmen, diese Übernahme kennzeichnet man mit der erwähnten Abkürzung. Wenn der / die Verfasser_in in einem Zitat etwas hervorheben möchte, was im Originaltext nicht hervorgehoben ist, muss er / sie dies durch Hervorh. d. Verf. (Hervorhebung des Verfassers) kenntlich machen.

Grundsätze des Zitierens

Dieses Kapitel basiert auf unserer Auswertung von Seminararbeiten, die von internationalen Studierenden verfasst worden sind. Wir erfassten die Zitierfehler und systematisierten sie. Ins Positive gewendet, führt diese Systematisierung zu den Grundsätzen des Zitierens.

Zunächst werden die sieben Prinzipien der Reihe nach vorgestellt, verbunden mit mindestens einer Aufgabe (**Aufgaben 1 bis 7**). Abschließend erfolgt eine Zusammenfassung der Grundsätze, wobei die Kursteilnehmenden aufgefordert sind, die Hinweise zum korrekten Zitieren in ihren eigenen Worten zu notieren (**Aufgabe 8a**).

Um den Grundsätzen beim eigenen wissenschaftlichen Schreiben gerecht zu werden, ist viel Übung erforderlich. Wesentlich für diesen Lernprozess ist die Rezeption wissenschaftlicher Werke, wie in Band 1 vorgestellt. Mit der Zeit wird die intensive Lektüre das Gespür der Kursteilnehmenden für eine angemessene Umsetzung der Grundsätze befördern. Der Intuition ist großes Gewicht beizumessen – sie ist das Ergebnis einer mehrjährigen Sozialisation in die Techniken wissenschaftlichen Arbeitens. Am Anfang ist es folglich wichtig, die sieben Grundsätze des Zitierens im Gedächtnis zu verankern, um eigene wie fremde Texte auf eine gelungene Umsetzung hin überprüfen zu können.

1 Aus welchen Quellen kann ich zitieren?

a 1 Eintrag in einem Fachlexikon: zitierfähig, weil Artikel von wissenschaftlichen Autoritäten verfasst und lektoriert werden.

2 elektronisch publizierter Fachaufsatz: zitierfähig, weil wissenschaftliche Fachveröffentlichungen aus dem Internet gleichwertig zu gedruckten Quellen sind.

3 Wikipedia-Artikel: Hierzu gibt es zwei Positionen. Die eine Fraktion hält Wikipedia-Artikel für nicht zitierfähig, weil die Identität der Autor_innen nicht zweifelsfrei und deren fachliche Qualifikation nicht sichergestellt sei. Die andere Fraktion hält Wikipedia-Artikel sehr wohl für zitierfähig, weil das kollektive Arbeitsverfahren die wissenschaftliche Qualität der Artikel gewährleiste. Im Allgemeinen eignet sich Wikipedia für einen schnellen und einfachen Einstieg in ein Thema. In Ihren wissenschaftlichen Arbeiten sollten Sie sich dann vorwiegend auf wissenschaftliche Fachliteratur beziehen.

4 Seminararbeit eines Mitstudierenden: in der Regel nicht zitierfähig, weil in den allermeisten Fällen für den wissenschaftlichen Diskurs unbedeutend.

5 unveröffentlichte Masterarbeit einer Kommilitonin: unter Umständen zitierfähig, nämlich dann, wenn die Arbeit eine Forschungslücke schließt.

2 Wann sollte ich paraphrasieren, wann direkt zitieren?

a Das Zitat aus der Seminararbeit eines Studenten der Geschichtswissenschaft ist ein gutes Beispiel für ein ausgewogenes Verhältnis von Zitaten und Paraphrasen. Sie können sich daran für Ihre eigene Zitierpraxis orientieren.

b 1 nicht prägnant, sehr allgemeine Formulierung.

2 nicht prägnant, allgemein gültige Aussage, unspezifisch.

3 prägnant wegen der spezifischen Definition von Neoliberalismus, die sich von der Definition anderer Autor_innen unterscheidet.

3 Worauf sollte ich beim Paraphrasieren besonders achten?

a **Paraphrase:** <u>Denn während</u> der Großteil der Staaten <u>gar nicht</u> [falsche Wiedergabe] in die Wissenschaft investiert, verfügt Südafrika mit <u>0,6</u> [falsche Wiedergabe] Prozent seines BIP über ein deutlich höheres Wissenschaftsbudget, <u>obwohl das BIP in diesem Land sehr gering ist</u> [Hinzufügung]. Im Vergleich zu den Industrieländern ist das <u>kein</u> [falsche Wiedergabe] geringer Anteil. Mit diesem Geld können <u>sogar</u> [Hinzufügung; in Kombination mit ‚kein' aus dem vorherigen Satz; Umorganisieren der Argumentation] <u>nationale</u> [falsche Wiedergabe] Großprojekte finanziert werden, wie beispielsweise *Square Kilometre Array*, ein <u>Satellit</u> [falsche Wiedergabe] für die Aufnahme und Übermittelung hochauflösender Bilder.

b 1 Die britischen und französischen Romantiker interessierten sich sehr für die **glorreichen** Ereignisse der Antike, die sie verherrlichten. (Das Adjektiv „glorreich" bringt die subjektive Sichtweise des Autors zum Ausdruck.)
2 Westliche Intellektuelle interessierten sich aus ästhetischen Gründen für die antiken „**Glanzleistungen**". (Die doppelten Anführungszeichen sind kein Mittel, um sich zu distanzieren; sie werden ausschließlich für Zitate verwendet.)
3 Die im Europa des ausgehenden 17. Jahrhunderts tätigen Universalgelehrten zeigten sich fasziniert von den **sogenannten** Heldentaten antiker Staatenlenker. (Durch Hinzufügung von „sogenannte" wird versucht, sich vom folgenden Substantiv zu distanzieren; dies ist nicht zulässig.)

c 1 Die britischen und französischen Romantiker interessierten sich sehr für die Ereignisse der Antike, die sie verherrlichten. 2 Westliche Intellektuelle interessierten sich aus ästhetischen Gründen für die antiken Schlachten. 3 Die im Europa des ausgehenden 17. Jahrhunderts tätigen Universalgelehrten zeigten sich fasziniert von den militärischen Errungenschaften antiker Staatenlenker.

4 Welchen Umfang sollte ein direktes Zitat haben?

a **Formulierungsvorschlag:** Für das *Citation Project* verfassten Erstsemester-Studierende aus 16 Colleges und Hochschulen in den USA Aufsätze, für die ihnen Quellentexte zur Verfügung gestellt wurden. Auf diese Weise entstanden 174 Aufsätze, die auf ihre Qualität hin untersucht wurden. Dabei wurden Schwächen beim wissenschaftlichen Arbeiten und Schreiben festgestellt. Dieses Forschungsergebnis wird für problematisch gehalten, jedoch wird nicht „die intellektuelle Faulheit der Studienteilnehmer_innen" dafür verantwortlich gemacht. Vielmehr werden die „beträchtliche[n, D.A.] Defizite der Schreibdidaktik" beklagt.

5 Wie sollte ich direkte Zitate einbetten?

a 1 Korrekt, in der Einleitung wird mit anderen Worten das zum Ausdruck gebracht, wovon im Zitat die Rede ist. 2 Nicht korrekt, es gibt keine Hinführung zum Zitat.

b **Formulierungsvorschlag für Text 2:**
Waldmann (2003) spricht sich dafür aus, die Demokratie nicht mit einer überstürzten sicherheitspolitischen Gesetzgebung einzuschränken. Reagierten die „Führungseliten maßvoll, lassen sie sich nicht zu übertriebenen Verfolgungs- und Sicherheitsmaßnahmen hinreißen, dann haben die Terroristen ihr Ziel, zumindest teilweise, verfehlt" (ebd.: 91). Wenn die Demokratie sich die Zeit nehme, eine passende, verhältnismäßige Antwort zu finden, dann sei Demokratie doch „unsere stärkste Waffe" (ebd.: 91). Denn letztendlich könne Terrorismus nicht unsere Demokratie aushebeln; erst die Maßnahmen, die wir gegen den Terrorismus ergreifen, würden das bewirken.

6 Wie gehe ich mit fremdsprachigen Zitaten um?

a ☒ 1B

1A: Die Beobachtung der fremden Völker war nicht rein wissenschaftlich, da sie mit einem Prozess der „adaptation" einherging: Die Missionare fingen an, sich die fremden Lebens- und Denkweisen anzueignen. […] Da sich diese profanen Werke nicht an die chinesische Bevölkerung richten, können sie nicht zum Zwecke der „evangelization" verfasst worden sein.

☒ 2A

2B: Die gewaltfreien westlichen Demokratien sind für Terrorgruppen attraktiv, weil nämlich "their publics have low thresholds of cost tolerance and high ability to affect state policy" (PAPE 2003: 349).

7 Was mache ich mit Fehlern in Texten, die ich direkt zitieren will?

a 1 unzutreffende Formulierung, 2 Rechtschreibfehler, 3 inhaltlicher Widerspruch

8 Zitierfehler vermeiden

a

Zitierfehler	Achten Sie auf	Tipps zum korrekten Zitieren
Es gibt mehr direkte als indirekte Zitate.	Mischverhältnis von direkten Zitaten und Paraphrasen	Überwiegend mit Paraphrasen arbeiten, einige direkte Zitate einbauen.
Das direkte Zitat ist zu wenig aussagekräftig.	Prägnanz direkter Zitate	Direkte Zitate gut auswählen, sie sollen aussagekräftig sein und z. B. den Sprachduktus der zitierten Person beispielhaft abbilden.
Das indirekte Zitat wird ungenau oder gar verfälscht wiedergegeben.	Originaltreue bei Paraphrasen	Beim Paraphrasieren sicherstellen, dass der Sinn des Originalzitats korrekt wiedergegeben wird.
Die zitierte Position wird unbeabsichtigt als eigene Position formuliert.	Distanzierung bei direkten Zitaten	Immer verdeutlichen, wer gerade spricht – Sie selbst als Autor_in oder die Person, die Sie zitieren?
Das direkte Zitat wird zu ausführlich wiedergegeben.	Knappheit bei direkten Zitaten	Hier besteht ein Zusammenhang zur Prägnanz: Zitate gegebenenfalls kürzen, die Auslassungen mit […] markieren.
Das direkte Zitat wird nicht eingebettet, sondern es kommt unvermittelt.	Einbettung direkter Zitate	Zu Zitaten immer hinleiten.
In einem Satz werden zwei Sprachen gemischt.	Einsprachigkeit beim direkten Zitieren innerhalb eines Satzes	Auch fremdsprachige Zitate paraphrasieren und zu ihnen hinleiten.
Im Originaltext enthaltene sprachliche, grammatikalische oder inhaltliche Fehler werden korrigiert.	Worttreue beim direkten Zitieren	Keine Korrektur sprachlicher oder grammatischer Fehler im Originaltext.

Übungen zum Zitieren

Dieses Kapitel greift die bereits erwähnte Publikation von Jamieson (2013) auf. Die US-amerikanische Wissenschaftlerin arbeitet mit dem Begriff *Patchwriting*, den wir sehr erhellend finden und daher übernehmen. Jamieson entdeckte diese Schreibtechnik bei der Auswertung studentischer Texte, die für das *Citation Project* verfasst worden waren. Dass diese Schreibtechnik vielfach praktiziert wird, führt sie auf die ungenügende Ausbildung der Studierenden in den ersten Semestern zurück.

In diesem Kapitel erfolgt eine erste praktische Annäherung an die Techniken des Zitierens, und zwar über die Unterscheidung von Patchwriting, Paraphrase und Zusammenfassung (**Aufgabe 1a**). Im Intensivtrainer wird diese Thematik vertieft. Ein zweiter Schwerpunkt liegt auf dem Einbetten direkter Zitate. Damit wird einer der eingangs eingeführten Grundsätze des Zitierens eingeübt (**Aufgaben 2a bis e**). Weil Studierende unserer Erfahrung nach oft fragen, wie sie eigene Einschätzungen und Standpunkte in ihre wissenschaftlichen Texte einbringen können, ist der dritte Schwerpunkt der Frage gewidmet, wie Kritik angemessen geäußert werden kann. Hierzu werden zunächst die vier Optionen vorgestellt (**Aufgabe 3a**) und eingeübt (**Aufgabe 3b**), um anschließend den Blick darauf zu richten, wer im akademischen Betrieb welche Kritik äußern darf. Mit der Empfehlung, sich als Studierende_r in den Zonen gemäßigter Kritik zu bewegen, weil eine Bewegung in die Extreme als Anmaßung empfunden werden könnte, endet dieses Kapitel.

1 (Nicht) erlaubte Umgangsweisen mit Zitaten

b 4 ☒ Paraphrasieren mit Quellenangabe. 5 ☒ Zusammenfassen mit Quellenangabe.

c

Originalquelle	*Patchwriting*-Text
In einigen Fällen scheitern vielversprechende weibliche Talente aber schon zu einem viel früheren Zeitpunkt an strukturellen und kulturellen Problemen. In vielen afrikanischen Staaten ist der Schulbesuch kostenpflichtig. Mädchen werden häufig nicht die gleichen Bildungschancen wie Jungen eingeräumt; sie sollen heiraten und nicht studieren.	Manchmal <u>scheitern</u> potentielle Nachwuchsforscherinnen bereits viel früher <u>an strukturellen und kulturellen</u> Schwierigkeiten. <u>In vielen Ländern Afrikas ist die Schule</u> kostenpflichtig. Oft haben <u>Mädchen</u> nicht die gleichen Bildungschancen wie Jungen. Sie sollen, anstatt zu <u>studieren, heiraten</u>.

Hinweis: Ihre blau markierten Passagen im Lehr- und Arbeitsbuch sind hier unterstrichen.

d 1 Paraphrase, 2 Patchwriting, 3 Zusammenfassung.

2 Zitate einbetten

a **Schritt 1**: Die Vermittlung von Wissen gilt als Hauptzweck der Hochschulen als Teil des Bildungssystems. Bourdieu und Passeron (1971) weisen jedoch darauf hin, dass die Universität neben dieser offensichtlichen Funktion weitere, zum größten Teil verborgene, aber dadurch keinesfalls weniger wichtige Funktionen erfüllt. Ihrer Meinung nach hat das Bildungswesen „die geheime Funktion, die Gesellschaftsordnung zugleich zu perpetuieren und zu legitimieren".

Schritt 2: Die Stabilisierung der gesellschaftlichen Ordnung durch eine „Weitervererbung des kulturellen Kapitals" (Bourdieu / Passeron 1971: 215) ist umso wirkungsvoller, als sie „unter einem ideologischen Selbstverständnis verborgen ist" (ebd.: 16):

„Gerade weil das Bildungswesen die besondere Fähigkeit besitzt, sich selbst autonom zu setzen und sich, indem es die Vorstellung von seiner Neutralität verbreitet, Legitimität zu verschaffen, ist es in der Lage, den Beitrag, den es zur Reproduktion der bestehenden kulturellen Ordnung leistet, zu tarnen." (ebd.: 215)

Schritt 3: Nun darf das Sprechen von geheimen Funktionen, Tarnungen und Ideologien der Universität nicht zu der Vorstellung (ver)führen, dass hier irgendwo im Verborgenen eine nicht fassbare ‚Supermacht' agiere. Es ist jedoch hilfreich, sich vor Augen zu halten, dass hochschulische Sprechstunden mehr Zwecken dienen, als es Studierenden und Lehrenden oft bewusst ist.

b

Text	Zuordnung
Der TestDaF wird als Nachweis …	Autorin stellt ihr Thema vor
Darin heißt es …	Autorin zitiert
Welche sprachlichen Kompetenzen …	Autorin stellt die forschungsleitende Frage
Der Beitrag will dies exemplarisch …	Autorin schränkt die forschungsleitende Frage auf einen Geltungsbereich ein
Dabei soll ausgehend von der Frage …	Autorin erläutert ihre Vorgehensweise

c 2 Nach Kaiser (2010) gibt es „verschiedene[…] Diskurstraditionen, die sich in jeder historisch gewachsenen Einzelsprache auf ganz verschiedenen Wegen ausgeprägt und entwickelt haben aufgrund der jeweiligen kommunikativen, sozioökonomische, politischen und kulturellen Bedingungen." (ebd.: 20)
3 Auch mit den „Unterschiede[n] in den Lehr- und Lerntraditionen" (ebd.: 20) ließen sich diese Differenzen beim Schreiben erklären.
4 Eine weitere Ursache sieht Kaiser in der „Umsetzung und Vermittlung von Normen in der Unterrichtspraxis" (ebd.: 20).
5 Kaiser fügt hinzu, dass „es deutschen Dozenten im Umgang mit ausländischen Studierenden schwer[fällt], sich ihrer typisch deutschen Sichtweise auf wissenschaftliches Schreiben bewusst zu werden und die ihnen vertrauten Wertmaßstäbe zu reflektieren." (ebd.: 20)

d Formulierungsvorschlag: Bausinger (2008) diskutiert zunächst die Möglichkeit, den Versuch zu unterlassen, ‚Heimat' zu definieren, nimmt jedoch Abstand von dieser Überlegung, weil diese Möglichkeit zwar für die Umgangssprache, nicht aber innerhalb der Wissenschaft tragfähig sei. Er will über „andere Strategien der Auseinandersetzung mit Unschärfe und Undeutlichkeit" (ebd.) nachdenken. Im Folgenden diskutiert er die Vermeidungsstrategie – die Volkskunde habe eine Weile eine „angestrengte[…] Abstinenz" (ebd.) praktiziert. Zudem diskutiert er die Strategie der „strikten Definition" (ebd.), in der Bausinger die Gefahr sieht, ertragreiche Nuancen des Begriffs auszuschließen. Beide Strategien hält er für untauglich, weshalb er eine dritte Strategie wählt. Er wendet sich den „verschiedenen Facetten des komplexen Gebildes Heimat" (ebd.) zu und wählt eine historische Perspektive: „Begriffsgeschichte wird hier ausgebreitet als Problemgeschichte." (ebd.)

3 Zitate kommentieren

a 1 uneingeschränkte Zustimmung; 2 partieller Einwand; 3 moderate Kritik; 4 Fundamentalkritik

b uneingeschränkte Zustimmung

Zweifellos müssen die Qualitätsstandards für das wissenschaftliche Arbeiten um die Komponente der guten Arbeitsbedingungen für den wissenschaftlichen Nachwuchs ergänzt werden.

Es steht außer Frage, dass die Qualitätsstandards für das wissenschaftliche Arbeiten um die Komponente der guten Arbeitsbedingungen für den wissenschaftlichen Nachwuchs ergänzt werden müssen.

Geltung hat fraglos die Forderung, die Qualitätsstandards für das wissenschaftliche Arbeiten um die Komponente der guten Arbeitsbedingungen für den wissenschaftlichen Nachwuchs zu ergänzen.

partieller Einwand

Fraglich ist, ob sich die Forderung aufrechterhalten lässt, die Qualitätsstandards für das wissenschaftliche Arbeiten um die Komponente der guten Arbeitsbedingungen für den wissenschaftlichen Nachwuchs zu ergänzen.

Es mag ja sein, dass die Qualitätsstandards für das wissenschaftliche Arbeiten um die Komponente der guten Arbeitsbedingungen für den wissenschaftlichen Nachwuchs ergänzt werden müssen. Aber woher sollen die finanziellen Mittel kommen, um diese guten Arbeitsbedingungen tatsächlich zu gewährleisten?

Die Qualitätsstandards für das wissenschaftliche Arbeiten müssen um die Komponente der guten Arbeitsbedingungen für den wissenschaftlichen Nachwuchs ergänzt werden. Es bleibt jedoch offen, woher die finanziellen Mittel kommen sollen, um diese guten Arbeitsbedingungen tatsächlich zu gewährleisten.

moderate Kritik

Zu bestreiten ist, dass die Qualitätsstandards für das wissenschaftliche Arbeiten um die Komponente der guten Arbeitsbedingungen für den wissenschaftlichen Nachwuchs ergänzt werden müssen.

Ich halte die Forderung für bedenklich, die Qualitätsstandards für das wissenschaftliche Arbeiten um die Komponente der guten Arbeitsbedingungen für den wissenschaftlichen Nachwuchs zu ergänzen.

Ich gebe zu bedenken, dass deutlich mehr passieren muss, als die Qualitätsstandards für das wissenschaftliche Arbeiten um die Komponente der guten Arbeitsbedingungen für den wissenschaftlichen Nachwuchs zu ergänzen.

Fundamentalkritik

Es trifft gerade nicht zu, dass die Qualitätsstandards für das wissenschaftliche Arbeiten um die Komponente der guten Arbeitsbedingungen für den wissenschaftlichen Nachwuchs ergänzt werden müssen.

Nicht nachvollziehbar ist, warum die Qualitätsstandards für das wissenschaftliche Arbeiten um die Komponente der guten Arbeitsbedingungen für den wissenschaftlichen Nachwuchs ergänzt werden sollten.

Ich warne davor, die Qualitätsstandards für das wissenschaftliche Arbeiten um die Komponente der guten Arbeitsbedingungen für den wissenschaftlichen Nachwuchs zu ergänzen.

TABUFRAGE

Im Grundsatz ist das eine sehr berechtigte Frage. Nichtsdestotrotz entlastet Sie das darin formulierte Wissenschaftsverständnis nicht von der Pflicht, sorgfältig und ehrlich zu arbeiten. Arbeiten Sie stets mit Exzerpten, denn dann dokumentieren Sie alle relevanten Fundstellen und finden diese auch nach längerer Zeit wieder. Diese Quellennachweise müssen Sie in Ihrem eigenen Text unterbringen.

Eine weitere Möglichkeit, die verwendete Literatur lückenlos zu dokumentieren, steht mit dem Literaturverzeichnis zur Verfügung. Klären Sie mit Ihrem Betreuer / Ihrer Betreuerin, ob Sie ins Literaturverzeichnis alle Titel aufnehmen sollen, auch jene, die sie nur konsultiert, aber nicht zitiert haben. Dies wird zum Teil unterschiedlich gehandhabt.

TEST

1C, 2D, 3A, 4F, 5B, 6E

Werkzeugkiste

Hintergrund

Kapitel C ist den Techniken wissenschaftlichen Arbeitens und deren sprachlicher Realisierung gewidmet, wobei die Spracharbeit schwerpunktmäßig im Intensivtrainer geleistet wird. Wir verwenden die Werkzeug-Metapher, um zu verdeutlichen, dass auch die **Wissenschaft als ein Handwerk** aufgefasst werden kann. Ein wichtiges Lernziel dieses Kapitels (wie auch der anderen Kapitel) besteht darin, den Studierenden eine allzu große Ehrfurcht vor Wissenschaft und intellektueller Arbeit zu nehmen. Auch diesem Kapitel liegt also die Botschaft von der Machbarkeit wissenschaftlichen Arbeitens und Schreibens zugrunde. Die inhaltlichen Ausführungen wie die Übungen überführen hier das von Otto Kruse geliehene Leitmotiv der Lehrbuchreihe in ein Lernprogramm, das schrittweise den wissenschaftlichen Erkenntnisprozess transparent und somit Wissenschaft zugänglich macht.

Ein solches Lernprogramm ist deshalb erforderlich, weil sich in veröffentlichten wissenschaftlichen Texten, auf denen ja der Wissenserwerb im Studium an bundesdeutschen Hochschulen basiert, für Ungeübte die Wissenschaft eher als unzugänglich darstellt. Denn die Denk-, Schreib- und Arbeitsprozesse, die zu diesen Texten geführt haben, werden zu wenig sichtbar. Wie Texte gemacht werden, bleibt daher ein Geheimnis. Um dieses Geheimnis zu lüften, werden in diesem Kapitel ausgewählte Techniken wissenschaftlichen Arbeitens betrachtet. Auf diese Weise erfolgt eine Dekodierung der wissenschaftlichen Praxis auf inhaltlicher wie auf sprachlicher Ebene. Die Übungen verstehen sich auch als Anleitung zum Erlernen des wissenschaftlichen Denkens, wobei das Hervorbringen schlüssiger wie folgerichtiger Gedankengänge im Mittelpunkt steht.

Vorgestellt und eingeübt werden **zehn ausgewählte Techniken wissenschaftlichen Arbeitens**, wobei alle Techniken Berücksichtigung finden, die erforderlich sind, um einen vollständigen studentischen Text, z.B. eine Seminararbeit, zu verfassen. Neun Techniken werden in diesem Kapitel behandelt.

Der zehnten Technik, dem Zitieren, ist wegen ihrer herausragenden Bedeutung für das studentische Schreiben mit Kapitel B eine eigene Arbeitseinheit gewidmet.

Da in Kapitel D zu den Textsorten die studentische Abschlussarbeit wegen der Spezifik der Anforderungen ausgeklammert bleibt, behandeln wir jene Techniken nicht, die ausschließlich in Bachelor- und Masterarbeiten zu realisieren sind, nämlich die Benennung der Forschungslücke sowie ihr Spiegelbild, die Benennung von Desiderata.

Ein **zusätzliches Element**, das sich in den anderen Kapiteln nicht findet, ist der „**Meilenstein**". Fünf Meilensteine sind über Kapitel C verteilt. Sie haben die Funktion, Zwischenetappen zu markieren, den Studierenden ihren Erkenntnisfortschritt vor Augen zu führen und das Gelernte zu wiederholen bzw. zu vertiefen.

Auf der Auftaktseite wird die Werkzeug-Metapher eingeführt. In der obersten Schublade der Werkzeugkiste werden Tätigkeiten aufgezählt, die den Alltag von Studierenden bestimmen. Neben der wissenschaftlichen Arbeit sind das beispielsweise Aktivitäten der Freizeitgestaltung. Auf diese Weise wird die Einbettung des wissenschaftlichen Arbeitens in die anderen Lebensbereiche versinnbildlicht. Durch diese hierachielose Aneinanderreihung wird dem wissenschaftlichen Arbeiten der Nimbus des Besonderen genommen – ein kleiner Beitrag zur oben angesprochenen Entmystifizierung von Wissenschaft bzw. zur Selbstermächtigung der Studierenden.

Thema bestimmen

 Ein Thema erschließen

An bundesdeutschen Hochschulen werden Themen für studentische Arbeiten in der Regel nicht vorgegeben, sondern müssen selbstständig ausgewählt werden, diese Eigenleistung wird von den Studierenden erwartet. Daher steht, nachdem in **Aufgabe 1a** das richtige Begriffsverständnis sichergestellt wird, in den **Aufgaben 1b und 1c** die Vorgehensweise, wie die Studierenden ein Thema finden können, im Mittelpunkt. Der Hinweis im **Info-Kasten**, dass eine Mischung aus gezielter Suche und Zufallsprinzip legitim ist, soll sie entlasten. Denn die Herausforderung besteht darin, mit einer Fülle an Forschungsliteratur konfrontiert zu sein. Wenn die Studierenden als ein Auswahlprinzip den Zufall walten lassen, sollten sie zugleich sicherstellen, dass sie die für ihr Thema entscheidende Literatur kennen. Hierbei helfen die Empfehlungen zum Lesen (❯ Band 1, Kap. D).
Viele Studierende halten es unserer Erfahrung nach nicht für legitim, der Themenauswahl ihre eigenen Interessen zugrunde zu legen. Dass diese Vorgehensweise im Gegenteil sinnvoll ist, weil sie die Motivation erhöht, wird in den **Aufgaben 1d und 1e** sowie im **Info-Kasten** vermittelt.

a ☒ herausfinden, ☒ eruieren, ☒ zugänglich machen, ☒ ergründen

b Es können alle genannten Methoden als angemessen gelten. Sie sind mal systematisch, mal setzen sie auf den Zufall. Beides ist legitim, auch wenn es Ihnen auf den ersten Blick unwissenschaftlich erscheinen mag, den Zufall zu nutzen. Aber die Herausforderung heutzutage besteht darin, mit einer unglaublichen Fülle an Forschungsliteratur konfrontiert zu sein, da hilft es, als **ein** Auswahlprinzip auch den Zufall walten zu lassen.

c Das authentische Zitat einer Dozentin soll Ihnen vor Augen führen, dass selbst erfahrene Wissenschaftler_innen nicht völlig entspannt sind, was die Literatursuche angeht. Die zitierte Wissenschaftlerin spricht offen über die Unsicherheiten, die sie nach wie vor empfindet, wenn sie sich ein neues Thema erschließt. Dieser Unsicherheit wirkt sie entgegen, indem sie eine große Menge von Büchern ausleiht, die sich dann bei ihr zu Hause stapelt. Ob sie diese auch tatsächlich liest oder ob sie eher ihrer Beruhigung dienen, bleibt offen.

d Albert Einstein spornte sein Glaube und sein damit verbundenes Vertrauen an, dass die Welt nach Gesetzmäßigkeiten funktioniert, die der Mensch erkennen kann. Margaret Mead erforschte die Gebräuche anderer Völker in der Hoffnung, dass das zum Verständnis der eigenen Kultur beitragen könnte.

2 Das Thema eingrenzen und von anderen abgrenzen

Aufgabe 2a arbeitet mit einer Kombination aus erklärenden Texten und Illustrationen, um den für das wissenschaftliche Arbeiten relevanten Unterschied zwischen *Thema eingrenzen* und *Thema abgrenzen* zu vermitteln. Die sprachliche Realisierung erfolgt in den **Aufgaben 2b und 2c**. Diesem Thema wird u. E. nach häufig zu wenig Aufmerksamkeit geschenkt, obwohl es zentral für den Erfolg studentischen Schreibens ist. Student_innen sind schnell überfordert, wenn sie ihr Thema nicht ausreichend eingrenzen.

a 1 richtig, 2 richtig, 3 falsch, 4 falsch, 5 falsch, 6 richtig, 7 falsch, 8 richtig

b

Textbeispiel	Zuordnung
[...] Gender Mainstreaming kann als eine Strategie der Organisationsentwicklung aufgefasst werden. In der vorliegenden Arbeit geht es um diese Strategie.	Thema benennen
Im Fokus der Arbeit stehen die Bedingungen eines grundlegenden Wandels von Organisationen hin zu Geschlechtergerechtigkeit. Betrachtet wird die Umsetzung dieser gleichstellungspolitischen Strategie in der öffentlichen Verwaltung,	Thema eingrenzen
da dieser Bereich gesetzlich zur Verankerung des Gender Mainstreaming verpflichtet ist.	Eingrenzung begründen
Nichtregierungsorganisationen sowie Privatunternehmen hingegen bleiben unberücksichtigt. [...]	Thema abgrenzen

Redemittel			
Thema benennen	Thema eingrenzen	Eingrenzung begründen	Thema abgrenzen
In der vorliegenden Arbeit geht es um ...	Im Fokus der Arbeit stehen ... Betrachtet wird ...	da ...	... bleiben unberücksichtigt.

3 Thema visualisieren

In **Aufgabe 3a** wird das vertieft, was im Unterkapitel 2 eingeführt wurde. Den Studierenden wird mit dem Mindmapping eine Arbeitstechnik vorgeschlagen, die ihnen helfen kann, sich auf ein Thema festzulegen und gleichzeitig eine Sammlung relevanter Themen anzulegen, die in der Arbeit zwar ausgeklammert bleiben müssen, aber als abzugrenzende Themen benannt werden können.

a Folgendermaßen könnte Ihre Mindmap aussehen:

Zentrale Forschungsfrage formulieren

 Vorwissen dokumentieren

In den **Aufgaben 1a, 1 b und 1c** erfolgt der Brückenschlag zum ‚Thema bestimmen'. Als Arbeitsprinzip wird empfohlen, aus dem eingegrenzten Thema eine zentrale Forschungsfrage abzuleiten, in der zentralen Forschungsfrage den jeweiligen Wissensstand zu dokumentieren und die zentrale Forschungsfrage regelmäßig den neu gewonnenen Erkenntnissen anzupassen. Bereits der erstgenannte Schritt ist nicht selbstverständlich; in vielen studentischen Arbeiten findet sich keine zentrale Forschungsfrage.

a 1 Die zentrale Forschungsfrage ist für den Schreibprozess so elementar, weil sie die Arbeit strukturiert und die Richtung vorgibt. 2 Die Empfehlung ist, bereits in einem sehr frühen Arbeitsstadium die zentrale Forschungsfrage zu formulieren. 3 Nein, an der einmal formulierten zentralen Forschungsfrage sollte man nicht während des gesamten Schreibprozesses festhalten. Vielmehr sollte man die zentrale Forschungsfrage dem Zugewinn an Informationen anpassen.

b 1C, **2**A, 3**B** (die spezifischeren Fragen sind hier fett)

c 1 Internationale Studierende, die einen Deutschkurs an einer bundesdeutschen Hochschule be-
suchen, haben Sprachprobleme.
2 Es existieren bestimmte Grammatikstrukturen, die für die deutsche Wissenschaftssprache
charakteristisch sind.
B Es ist sinnvoll, das Internet für eine moderne Schreibdidaktik im Fach Deutsch als Fremdsprache
zu nutzen.

2 Frageabsicht festlegen

In **Aufgabe 2a** werden die Frageintentionen systematisiert und die damit verbundenen Fragewörter
und -formulierungen vorgestellt. Im Info-Kasten wird die Verbindung von Frageabsicht und For-
schungsmethode angesprochen. In den **Aufgaben 2b und 2c** erfolgt die Anwendung der Lerninhalte.
In den **Aufgaben 2d und 2e** kommt die Fachspezifik von Frageintentionen zur Sprache, im Info-Kasten
erfolgt der Hinweis, dass keine Hierarchie der Frageabsichten in dem Sinne existiert, dass beispielsweise die Deskription grundsätzlich der Analyse unterlegen ist.

a

Frageintention		Fragewörter und -formulierungen
Exploration mit Deskription	einen Sachverhalt erkunden und schriftliche dokumentieren	Wie? Wer? Was? Welche? Wozu?
Deskription	einen Sachverhalt beschreiben	
Kategorisierung	einen Sachverhalt einordnen	Wie verhält sich das eine im Vergleich zu etwas anderem?
Analyse	einen Sachverhalt erklären	Warum? Inwiefern? Welche Zusammen-hänge bestehen?
Test, Experiment	einen Sachverhalt überprüfen	Wie funktioniert etwas? Was bewährt sich? Worin bestehen die Mängel?
	etwas erproben, z.B. ein Verfahren	Wie kann man etwas wirkungsvoller gestalten?
Evaluierung	einen Sachverhalt bewerten	
Prognose	einen Sachverhalt vorhersagen	Welche Auswirkungen wird etwas in der Zukunft haben?

b Exploration und Deskription: 5, 6. Deskription: 4. Analyse: 2, 3. Prognose: 7

c Nevin: Test, Niklas: Analyse, Aminata: Experiment, Elena: Exploration, Claire: Prognose,
Xia: Kategorisierung, Thabo: Evaluierung.

e Die Zuordnung der Frageabsichten zum akademischen Status der vorgestellten Personen soll vor
Augen führen, dass eine Frageabsicht nicht per se wissenschaftlich, anspruchsvoller oder wertvol-
ler als eine andere Frageabsicht ist. Es hängt vielmehr vom Kontext ab, welcher Erkenntnisgewinn
mit der jeweiligen Frageabsicht verbunden ist. Wie im Info-Kasten neben Aufgabe 2e steht, kann
z.B. auch die sorgfältige Beschreibung sehr wertvoll für die Wissenschaft sein, wenn es sich dabei
um einen bislang wenig erforschten Sachverhalt handelt.

3 Forschungsfrage neutralisieren, präzisieren und kontextualisieren

Während in den beiden vorherigen Unterkapiteln eher thematisiert wurde, wie die Studierenden eine zentrale Forschungsfrage finden können, steht in diesem Unterkapitel die Qualität von Forschungsfragen im Fokus. In den **Aufgaben 3a, 3b und 3c** erfolgt ein Brückenschlag zu den Geboten und Verboten für das wissenschaftliche Schreiben (❷ Band 1, Kap. C). Denn auch die zentralen Forschungsfragen müssen diesen Regeln gerecht werden. Neben der bereits thematisierten Festlegung auf eine Frageabsicht trägt auch die Benennung von Parametern zur Qualität zentraler Forschungsfragen bei. Das wird in den **Aufgaben 3d und 3e** vermittelt.

a 2 Abstraktionsgebot wird verletzt: von der eigenen Person absehen.
3 Unterhaltungsverbot: keine Dramatik aufbauen mit Hilfe einer rhetorischen Frage. Eine rhetorische Frage zielt nicht auf eine ernsthafte inhaltliche Antwort ab, sondern ist ein stilistisches Mittel der Beeinflussung.
4 Affektverbot: keine Skandalisierung.

b 2 Welcher Zusammenhang besteht zwischen der nationalen Einkommensverteilung und dem Konsum?
3 Wie kann die Industrie dazu veranlasst werden, ihren CO_2-Ausstoß zu reduzieren?
4 Wie ist es zu erklären, dass die Bundesländer an einem Schulsystem festhalten, das die bestehende soziale Ungleichheit fortschreibt?

c Prokrastination ist ein Fachbegriff aus der Psychologie und bedeutet, die Ausführung oder Beendigung von Aufgaben, die als unangenehm empfunden werden, auf einen späteren Zeitpunkt zu verschieben.

d 2 politisches Amt, Zeitepoche, Redeanlass
3 Kunstrichtung, Sparte, Land
4 Gleichstellungsinstrument, Handlungsfeld, Land, Unternehmensform, Branche
5 Gruppe, Region, politisches Ziel, soziale Gruppierung, Region
6 kulturelle Gruppe der religiösen Minderheiten sowie der Fans der TV-Serie ‚Lindenstraße', Altersgruppe

e Zwei Lösungen unter vielen anderen sind:

Parameter	Beispiele	
zeitlich	seit der Währungsreform	während der Französischen Revolution
geografisch	nördlich der Donau	deutsch-polnisches Grenzgebiet
politisch	Volksrepublik China	Verfassung der USA
sozial	Führungskräfte	Gewerkschaftsmitglieder
kulturell	Waliser	Trachtengruppe

Das Erkenntnisinteresse verdeutlichen

Das Erkenntnisinteresse nimmt in studentischen Texten einen deutlich geringeren Stellenwert als in wissenschaftlichen Werken ein. Daher wird dieses Werkzeug vergleichsweise kurz abgehandelt. Es wird überhaupt nur deshalb eingeführt, weil es Studierenden hilft, wenn sie sich darauf festlegen, ihr Thema in den Griff zu bekommen. Wir schreiben dem Erkenntnisinteresse den Rang eines Lernziels zu. Dies wird in den **Aufgaben 1a** sowie **1b** vermittelt.

a Das Erkenntnisinteresse hat für Studierende eine andere Bedeutung als für Wissenschaftler_innen. Da sich Studierende in der akademischen Ausbildung befinden, schreiben sie ihre Texte in erster Linie, um die allgemeinen Techniken wissenschaftlichen Arbeitens einzuüben. Zudem geht es darum, dass sie sich die fachspezifischen Inhalte und Methoden aneignen. Das eigene Lernen steht also im Mittelpunkt, weshalb sich für Studierende ‚Erkenntnisinteresse' auch mit ‚Lernzielen' beschreiben lässt. Wissenschaftler_innen hingegen bearbeiten in ihren Texten eine Forschungslücke. Diese Forschungslücke besteht für die gesamte wissenschaftliche Gemeinschaft. Das Erkenntnisinteresse bezieht sich direkt auf diese Forschungslücke.

b 1A, 2B, 3B, 4A, 5A, 6A

Meilenstein 1

Hier erfahren die Studierenden, dass sie in ihren Texten die zentrale Forschungsfrage aus stilistischen Gründen nicht als direkte, sondern als indirekte Frage formulieren sollten (**Aufgabe a**). Zudem wenden sie vorgegebene Redemittel an, um ihr Thema, ihre zentrale Forschungsfrage und ihr Erkenntnisinteresse darzulegen (**Aufgabe b**). Auch wird hier eine Verbindung zum Aufbau einer wissenschaftlichen Arbeit hergestellt, indem thematisiert wird, an welcher Stelle in der wissenschaftlichen Arbeit die genannten drei Aspekte unterzubringen sind.

a 1 In der vorliegenden Arbeit wird die Frage beantwortet, welche gesellschaftskritischen Positionen in türkischen Kriminalromanen der Gegenwartsliteratur formuliert werden.
2 Der vorliegenden Arbeit liegt die Frage zugrunde, wie die Zweisprachigkeit von Grundschulkindern für deren Spracherwerb in der Erst- und Zweitsprache genutzt werden kann.

b Hier ein Formulierungsvorschlag:

Beispiel 1: Untersucht werden die interkulturellen Konflikte in internationalen Forschungsgruppen. Die Arbeit widmet sich der Frage, welche Strategien Post-Docs in DFG-geförderten Forschungsprojekten zur Lösung interkultureller Konflikte anwenden. Diese Arbeit zielt darauf ab, die Kooperation in internationalen Forschungsgruppen zu verbessern.
Beispiel 2: In der vorliegenden Arbeit steht die Qualität der Lehre im Fokus. Im Rahmen der Arbeit wird der Frage nachgegangen, wie Erstsemesterstudierende der Politikwissenschaft an der Freien Universität Berlin in Tutorien zum wissenschaftlichen Arbeiten angeleitet werden. Diese Arbeit soll der Entwicklung eines Curriculums für Tutorien zum wissenschaftlichen Arbeiten dienen.

Prämissen setzen

In diesem Unterkapitel steht die Spracharbeit im Mittelpunkt. Anhand korrekter sowie fehlerhafter Formulierungen werden die Studierenden für Prämissen sensibilisiert. Wenn sie sich dauerhaft merken, dass Prämissen einer Arbeit zugrunde liegen und anders als Thesen nicht überprüft, widerlegt, bestätigt usw. werden können, ist das Lernziel dieser Lektion (**Aufgaben a, b und c**) erreicht.
Zudem soll den Studierenden verdeutlicht werden, wie anspruchsvoll es ist, Prämissen zu setzen, weil viel Erfahrung notwendig ist, um entscheiden zu können, was eine Selbstverständlichkeit ist und folglich nicht fixiert werden muss, und was ausreichend spezifisch ist, um es festzuhalten. Auf diese Weise sollen die Studierenden einmal mehr entlastet werden (**Aufgaben d und e**).

a 2 Die hier formulierten Vorschläge sind, dies sei an dieser Stelle noch einmal unterstrichen, stets im Lichte der <u>Grundannahme</u> zu sehen, dass sich die Gehaltsvorstellungen von weiblichen und männlichen Berufseinsteigern aufgrund der Sozialisation in geschlechtsspezifische Verhaltensmuster eklatant unterscheiden.
3 In dieser Untersuchung <u>wird vorausgesetzt</u>, dass die westlichen Gesellschaften nach wie vor von der gesellschaftlichen Trennung von Produktion- und Reproduktion geprägt sind. Zudem beruht die Studie auf der <u>Prämisse</u>, dass diese Teilung auch in den Praktiken und Strukturen von Arbeitsorganisationen sichtbar wird. Die Zuweisung der Zuständigkeit für die reproduktive Arbeit an Frauen ist die Hauptursache der strukturellen Benachteiligung in der Erwerbsarbeit (Gildemeister / Wetterer 2007), so die <u>Vorannahme</u>.

b **Mögliche Formulierungen:**
1 Vorausgesetzt wird, dass Frauen und Männer nicht das gleiche Einkommen haben. 2 Die Studie geht von der Prämisse aus, dass weibliche und männliche Berufseinsteiger deshalb unterschiedliche Vorstellungen über ihren Verdienst haben, weil sie unterschiedlich sozialisiert sind. 3 Diese Untersuchung basiert auf folgenden Prämissen: erstens auf der Annahme, dass in den westlichen Gesellschaften Produktion und Reproduktion voneinander getrennt sind; zweitens auf der Annahme, dass diese Unterscheidung auch in Arbeitsorganisationen eine Rolle spielt; drittens auf der Annahme, dass erwerbstätige Frauen gegenüber Männern benachteiligt sind, weil ihnen die Hauptverantwortung für Familie und Haushalt obliegt.

c 2 Dieser Befund stützt die Prämisse, dass ... → Prämissen können nicht durch Befunde gestützt werden. 3 Diese Daten sprechen gegen die Vorannahme, dass ... → Daten dienen nicht der Widerlegung von Prämissen. 4 Diese Vorannahme soll im Folgenden anhand der empirischen Ergebnisse geprüft werden. → Prämissen werden nicht geprüft, sondern gesetzt, also als gegeben vorausgesetzt. 5 An dieser Prämisse kann nicht festgehalten werden. → Prämissen werden gesetzt und nicht diskutiert.

d Der Textauszug über Hundefutter wirkt deshalb merkwürdig, weil hier unter Verwendung wissenschaftssprachlicher Elemente Selbstverständlichkeiten (man spricht in der Umgangssprache auch von ‚Binsenweisheiten‘) zum Ausdruck gebracht werden.

Zentrale Begriffe definieren

In diesem Kapitel lernen die Studierenden, inhaltlich korrekt zu definieren (**Aufgaben a, b und c**) und die zu definierenden Begriffe formal richtig anzuführen (**Aufgabe d**). Da in studentischen Texten der Fehler häufig anzutreffen ist, für zentrale Begriffe Synonyme zu verwenden, um Wortwiederholungen zu vermeiden, gibt es zudem einen **Info-Kasten** sowie eine Übung zu dieser Problematik (**Aufgabe e**).

a Die Wissenschaftssprache ist eine Fachsprache. Unter ‚Fachsprache' – auch ‚Technolekt' – sind alle Elemente der komplexen Systeme der Kommunikation zu verstehen, die außerhalb des jeweiligen spezifischen Bereichs sehr ungebräuchlich sind (Keiner 2009: 123). Den Begriff so allgemein zu fassen, ermöglicht eine Betrachtung der Wissenschaftssprache jenseits formaler und stilistischer Gesichtspunkte. Stattdessen liegt der Fokus der vorliegenden Arbeit auf zwei soziolinguistischen Funktionen der Wissenschaftssprache: erstens, innertheoretische Sachverhalte präzise zu bezeichnen, um darüber kommunizieren zu können und zweitens, einer Gruppe ein Zusammengehörigkeitsgefühl zu vermitteln.

b

Beispieltext	Element
Wissenschaft als soziales Feld	2
Die Wissenschaftsforschung bedient sich konstruktivistischer und ethnomethodologischer Ansätze.	1
Würde es nicht genügen, darauf zurückzugreifen, um die in dieser Arbeit gestellte Frage zu beantworten? Weshalb fällt die Wahl auf das Konzept der sozialen Felder des französischen Soziologen Pierre Bourdieu? Die Denk- und Vorgehensweise Bourdieus hat einen entscheidenden Vorteil, denn sie macht nicht nur die soziale Praxis zum Ausgangspunkt der Analyse und ermittelt die ihr innewohnende Logik, sondern stellt die Akteure als Konstrukteure ihrer Realität ins Zentrum.	5
Nach Bourdieu ist Wissenschaft als soziales Feld geprägt von Interessen und sozialen Kämpfen um die Reproduktion der herrschenden Machtverhältnisse.	3
(Bourdieu 1997a: 124).	4

c Die Quellenverweise geben die Fundorte der zitierten Definitionen an. In beiden Beispielen erfolgt die Wiedergabe in Form einer Paraphrase und nicht als direktes Zitat. Für Ihre eigene Arbeit mit Definitionen bedeutet das, sorgfältig vorzugehen und jede Definition – ob direkt oder indirekt zitiert – mit einer Quellenangabe zu versehen. Als Studierende_r verfassen Sie keine eigenen Definitionen, sondern übernehmen grundsätzlich alle Definitionen, mit denen Sie arbeiten, aus der Fachliteratur.

d Unter ‚interkulturelle Öffnung' ist die Verbesserung, die Entwicklung und die Evaluierung von Entscheidungsprozessen in Verwaltungen mit dem Ziel, alle Menschen ungeachtet ihres Alters, ihres Geschlechts und ihrer physischen Verfassung gleich zu behandeln, zu verstehen.

Mit *interkulturelle Öffnung* ist gemeint, Entscheidungsprozesse in Verwaltungen zu verbessern, zu entwickeln und zu evaluieren, mit dem Ziel, alle Menschen ungeachtet ihres Alters, ihres Geschlechts und ihrer physischen Verfassung gleich zu behandeln.

e 1 Das Thema meiner Arbeit ist der staatliche Umgang mit der *radikalen Rechten* in der Bundesrepublik Deutschland in den 1990er Jahren. Der extremen Rechten werden nicht nur die Parteien, sondern auch die subkulturellen Milieus zugerechnet. Im Zentrum meiner Arbeit steht die Wirksamkeit der Sicherheitsmaßnahmen, die in den 1990er Jahren gegen die Neonazis ergriffen worden sind.

Korrektur: Das Thema meiner Arbeit ist der staatliche Umgang mit der radikalen Rechten in der Bundesrepublik Deutschland in den 1990er Jahren. Als radikale Rechte gelten nicht nur die Parteien, sondern auch die subkulturellen Milieus. Im Zentrum meiner Arbeit steht die Wirksamkeit der Sicherheitsmaßnahmen, die in den 1990er Jahren gegen die radikalen Rechten ergriffen worden sind.

Thesen aufstellen

Auch dieses Unterkapitel dient der Vermittlung von Grundlagenwissen, es nähert sich seinem Thema auf zwei Wegen: Erstens wird der besondere Charakter von Thesen herausgearbeitet, der darin besteht, einen Zusammenhang zwischen bestimmten Aspekten inhaltlich wie sprachlich herzustellen (**Aufgaben a, b und c**). Zweitens werden Thesen in Abgrenzung von der zentralen Forschungsfrage (**Aufgaben d, e und f**) sowie von Hypothesen und Prämissen (**Aufgabe g**) betrachtet.

Da die Empfehlung an die Studierenden lautet, auf jeden Fall wegen der ordnenden Funktion von Thesen mit diesen zu arbeiten, enthält dieses Unterkapitel mehr Aufgaben als das zu den Prämissen, denen eine geringere Bedeutung im Entstehungsprozess studentischer Texte zukommt. Außerdem ist das Formulieren gehaltvoller Thesen ein guter Anlass, um die enge Verknüpfung von Denken und Sprache zu demonstrieren. Denn die Zusammenhänge, die mit sprachlichen Mitteln, z.B. Konnektoren, dargelegt werden, müssen ja zunächst einmal gedanklich-logisch hergestellt werden.

a ☒ 1 <u>Aufgrund</u> fehlender finanzieller Ressourcen beschränkt sich die Internationalisierung der bundesdeutschen Hochschulen vielerorts auf eine englischsprachige Lehre. ☒ 4 <u>Indem</u> die deutschsprachigen Studierenden mit ihren internationalen Kommiliton_innen <u>nicht ausschließlich</u> auf Englisch, <u>sondern</u> auch auf Deutsch kommunizieren, leisten sie einen wichtigen Beitrag zu deren Integration.

b 3 Wenn die Erstsprache in den Sprachunterricht einbezogen wird, dann gestaltet sich der Zweitspracherwerb <u>leichter als</u> ohne deren Berücksichtigung. **Vergleich.** 4 Aufgebaut wurde ein Welcome-Center für Studierende aus dem Ausland. <u>In der Konsequenz reduzierte</u> sich die Abbruchquote bei dieser Gruppe. **Wirkung.** 5 <u>Mithilfe von</u> kontrastiven Übungen kann der Lernerfolg <u>verstetigt</u> werden. **Wirkung.** 6 Die Sprachkompetenzen internationaler Studierender verbessern sich <u>schneller, wenn</u> Deutsch als Wissenschaftssprache <u>nicht</u> im Fremdsprachenzentrum vermittelt wird, <u>sondern</u> in den einzelnen fachlichen Disziplinen unterrichtet wird. **Vergleich.**

c Vergleich: leichter als; schneller, wenn
Wirkung: in der Konsequenz + reduziere; mithilfe von + verstetigen

d Es gibt vielfältige Möglichkeiten, die Thesen in Forschungsfragen umzuwandeln. Hier zu jeder These ein Formulierungsvorschlag:

2 Welche Faktoren beeinflussen den Zweitspracherwerb positiv? 3 Welche Bedeutung kommt dem kontrastiven Ansatz hinsichtlich der Textsortenkompetenz der internationalen Studierenden zu? 4 Wie lässt sich die Abbruchquote von Studierenden aus dem Ausland verringern? 5 Unter welchen Voraussetzungen leisten Schreibwerkstätten einen elementaren Beitrag zum Lernerfolg internationaler Studierender? 6 Welche Methoden, den Lernerfolg zu verstetigen, haben sich bewährt? 7 Welche institutionellen Veränderungen hinsichtlich der Vermittlung von Deutsch als Wissenschaftssprache sind sinnvoll?

e Die Forschungsfrage grenzt den Forschungsbereich ein und benennt die Frageabsicht. Thesen zeigen Zusammenhänge auf, z.B. durch Vergleiche oder die Beschreibung von Wirkungen. Thesen geben Antworten auf die Forschungsfrage, die im Laufe der Untersuchung geprüft werden und am Ende als zutreffend, als teilweise zutreffend oder als unzutreffend eingestuft werden müssen.

f Die folgenden Lösungen stellen lediglich eine Variante unter vielen Optionen dar:

Frage: Leisten Schreibwerkstätten einen Beitrag zum Lernerfolg internationaler Studierender?
Neue Frage: Unter welchen Voraussetzungen leisten Schreibwerkstätten einen Beitrag zum Lernerfolg internationaler Studierender?
These 1: Schreibwerkstätten leisten einen Beitrag zum Lernerfolg internationaler Studierender, wenn interkulturell kompetente Lehrende eingesetzt werden.
These 2: Schreibwerkstätten leisten einen Beitrag zum Lernerfolg internationaler Studierender, wenn sie nicht als Blockseminar, sondern als Semesterveranstaltung angeboten werden.

Frage: Ist die Bundesrepublik Deutschland als Gastland bei internationalen Studierenden beliebt?
Neue Frage: Wie viele internationale Studierende setzen, im Vergleich zu anderen Ländern, ihr Studium in die Bundesrepublik Deutschland fort?
These 1: Im Vergleich zu den USA setzen weniger internationale Studierende in der Bundesrepublik Deutschland ihr Studium fort.
These 2: In den vergangenen Jahren ist die Beliebtheit der Bundesrepublik Deutschland als Gastland bei internationalen Studierenden gestiegen.

g ☒ 1, ☒ 2, ☒ 5

Meilenstein 2

An dieser Stelle ist eine entscheidende Zwischenetappe erreicht; alle notwendigen Vorarbeiten sind abgeschlossen. Hier nun wird noch einmal rekapituliert, welchen Beitrag die einzelnen Werkzeuge zum wissenschaftlichen Erkenntnisprozess leisten (**Aufgabe a**).

a **1** Die Verortung innerhalb der wissenschaftlichen Diskussion erfolgt mittels Prämissen, Definitionen zentraler Begriffe sowie Thesen. **2** ‚Fundament' bedeutet ‚Grundlage' und ‚Basis'. Jede wissenschaftliche Arbeit kann mit einem Gebäude verglichen werden, das neu errichtet wird, nur dass es kein real existierendes Gebäude ist, sondern ein in Sprache übersetztes Gedankengebilde. Jedes Gebäude braucht eine Basis, die es trägt. Prämissen, Definitionen zentraler Begriffe und Thesen bilden – neben anderen Elementen – diese Basis. **3** Es ist nicht empfehlenswert, mit so vielen Thesen wie möglich zu arbeiten, weil der Vorteil beim Arbeiten mit Thesen darin liegt, das Thema handhabbarer zu machen. Das gelingt jedoch nur bei einer überschaubaren Anzahl von Thesen.

Argumentieren – Binnenstruktur von Texten anlegen

Den Erläuterungen soll folgende grundsätzliche Anmerkung vorausgeschickt werden: Das Unterkapitel versteht sich als Grundkurs zum Argumentieren. Die Beispieltexte wurden eigens für dieses Unterkapitel verfasst und beziehen sich ausnahmsweise nicht auf ein geistes-, kultur- oder gesellschaftswissenschaftliches, sondern auf ein naturwissenschaftliches Thema (Untersuchungen zum Magnetsinn von Säugetieren). Die Übungstexte sind auf der inhaltlichen Ebene aus didaktischen Gründen vergleichsweise simpel gehalten, um nicht von den eigentlichen, komplexen und schwierigen Lerninhalten abzulenken. Die Übertragung des exemplarisch Gelernten in die Studienfächer der Kursteilnehmenden im nächsten Schritt ist wünschenswert und wird idealerweise im Rahmen von studienbegleitenden oder fachspezifischen Sprachkursen geleistet.

Argumente und Argumentation

In **Aufgabe 1a** lernen die Studierenden die Komponenten einer wissenschaftlichen Argumentation kennen und identifizieren sie in einem Übungstext. Diese Doppelseite hat neben der Wissensvermittlung auch eine systematisierende Funktion: Die einzelnen Komponenten einer Argumentation werden mit Verweisen auf die dazugehörigen Aufgaben versehen.

In **Aufgabe 1b**, die unmittelbar an Aufgabe 1a anschließt, leisten die Studierenden eine Vorarbeit, die in Aufgabe 2a benötigt wird, in der das Hilfsmittel des Textbauplans eingeführt wird.

Die **Aufgaben 1c bis 1f** dienen der Vertiefung der eingeführten Komponenten. Besonders wichtig ist die Kontextualisierung wissenschaftlicher Aussagen, ein Phänomen, das den Studierenden bereits im Hinblick auf die zentrale Forschungsfrage begegnet ist. In den **Aufgaben 1d sowie 1f** findet sich ein Brückenschlag zu Kapitel B, zum Zitieren.

a

Trotz der Erkenntnisse aus der Erforschung von Vogelzügen ist der Magnetsinn der Tiere noch immer nicht hinreichend beschrieben und verstanden. Ein zoologisches Forschungsteam der Universität Duisburg-Essen (Hart et al. 2013) untersuchte daher gemeinsam mit Kolleg_innen der Tschechischen Agraruniversität in Prag den Magnetsinn von Hunden und erbrachte den Beweis der tatsächlichen Existenz dieses Wahrnehmungssinns. — **Schlussfolgerung**

Die Biolog_innen beobachteten, wie sich 70 Hunde unterschiedlicher Rassen ausrichteten, wenn sie leinenlos im freien Gelände ihre Blase oder ihren Darm entleerten. Sie dokumentierten die Umweltbedingungen, die Lokalität, die Tageszeit und die Bekanntheit des Terrains für den jeweiligen Hund. — **Aussage 1**

Die Hunde bevorzugen keine bestimmte Körperausrichtung während des Harnens oder Kotens, sondern richten sich zufällig aus. Das zeigte die statistische Analyse der umfangreichen empirischen Daten – insgesamt wurden mehr als 7.000 Fälle dokumentiert und ausgewertet. — **Beleg 1**

Der erste Befund musste jedoch revidiert werden. Die Hunde richten sich nämlich sehr wohl vorzugsweise entlang der magnetischen Nord-Süd Achse aus, allerdings nur in den Phasen, in denen das Erdmagnetfeld ruhig ist. — **Aussage 2** Dieser zweite Befund kam dank einer verfeinerten Auswertungsmethode zustande. Die Wissenschaftler_innen analysierten ihre Daten in einem zweiten Durchgang unter Berücksichtigung der Schwankungen des Erdmagnetfeldes im Zeitraum der Datenerhebung. Diese unregelmäßigen, kleinsten Änderungen der Intensität und Richtung der Feldlinien werden von Magnetobservatorien registriert und im Internet veröffentlicht. — **Beleg 2**

Mit Hilfe dieser Studie konnte gezeigt werden: Hunden ist ein Magnetsinn angeboren. — **Wiederholung der Schlussfolgerung**

Argumentation

b **Argument 1**

Aussage 1: zufällige Körperausrichtung der Hunde während des Harnens oder Kotens

Beleg 1: Beobachtung von 70 Hunden beim Harnen und Koten, Dokumentation und Analyse von über 7.000 Fällen

Argument 2

Aussage 2: Hunde richten sich entlang der magnetischen Nord-Süd-Achse aus, wenn Erdmagnetfeld ruhig ist

Beleg 2: erneute Datenauswertung unter Berücksichtigung der Schwankungen des Erdmagnetfeldes im Zeitraum der Datenerhebung

Wiederholung der Schlussfolgerung: Hunden ist Magnetsinn angeboren

c ☒ 2 **zeitlich:** in den 1950er Jahren, seit den 1990er Jahren. **geografisch:** Europa. geografisch und **sozial:** Oberschicht und Unterschicht in den wohlhabenden Ländern Europas.

   ☒ 3 **zeitlich:** (bis) 2007. **politisch:** Bundesrepublik Deutschland, Bundesministerium für Ernährung und Landwirtschaft. **sozial:** Verpflegung in Kindertageseinrichtungen und Schulen.

d Aussage 1 – Belegart 4, Aussage 2 – Belegart 1, Aussage 3 – Belegart 3, Aussage 4 – Belegart 2

e 1B, Beleg: Zitat. 2B, Beleg: Objektive Daten. 3A, Beleg: Theorem.

f Direkte oder indirekte Zitate aus Werken anerkannter wissenschaftlicher Persönlichkeiten sind als Belege in studentischen Texten am wichtigsten.

② Satzbezüge und logische Zusammenhänge

In den **Aufgaben 2a und 2b** unterbreiten wir einen pragmatischen Vorschlag zur Realisierung einer Argumentation in studentischen Texten. Dieser besteht darin, die Argumentation stückweise im Schreiben zu entwickeln, indem einigen vorhandenen Sätzen neue Argumente vorangestellt bzw. angefügt werden. In anderen Lehrwerken werden z.T. Verfahren vorgeschlagen, die viel strenger strukturiert sind und deutlich mehr Zwischenschritte umfassen. Diese halten wir nicht für besonders praktikabel und umsetzungsfreundlich. Die Kompetenz im Argumentieren wird sich aus unserer Sicht weniger dadurch aufbauen, indem die Studierenden umfangreiche, kleinteilige Arbeitsgänge absolvieren, als vielmehr dadurch, dass sie mit der Zeit geübter darin werden, folgerichtig zu denken und ihre Gedankengänge mit den angemessenen sprachlichen Mitteln zu Papier zu bringen. Die beste Schule ist auch hier die für die Phänomene der Argumentation sensibilisierte Lektüre wissenschaftlicher Texte.

Die **Aufgaben 2c, 2d und 2e** führen vor Augen, dass eine Argumentation auch durch das bewusste Setzen von Satzzeichen erfolgen kann. Hier wird die Bedeutung des Semikolons in der deutschen Wissenschaftssprache thematisiert und dessen Verwendung aus stilistischen Gründen anstatt des Doppelpunktes angeraten.

Die **Aufgaben 1f bis 1i** widmen sich den Konnektoren, die elementar für die Herstellung von Satzbezügen und logischen Zusammenhängen sind. Die Textbeispiele sind zum Teil konstruiert, zum Teil wurden sie studentischen Texten entnommen.

a

Beispieltext	Textbauplan
Eine spontane Ausrichtung des Körpers im Verhältnis zum Magnetfeld der Erde konnte bereits für verschiedene Säugetierarten wie Rinder, Rehe und Füchse nachgewiesen werden	Aussage 1
(Begall et al. 2008; Burda et al. 2009).	Beleg 1
Ein zoologisches Forschungsteam der Universität Duisburg-Essen (Hart et al. 2013) untersuchte gemeinsam mit Kolleg_innen der Tschechischen Agraruniversität in Prag den Magnetsinn von Hunden.	Aussage2
Die Biolog_innen beobachteten, wie sich 70 Hunde unterschiedlicher Rassen ausrichteten, wenn sie leinenlos im freien Gelände ihre Blase oder ihren Darm entleerten. Dieser umfangreichen Datenerhebung schloss sich eine statistische Analyse der mehr als 7.000 aufgezeichneten Fälle an, wobei sich herausstellte, dass sich keine Regel erkennen lässt, nach der die Hunde eine Körperausrichtung während des Harnens oder Kotens vornehmen.	Beleg 2
Weil dieses Ergebnis den Vorannahmen widersprach, wurde in einer zweiten Analyserunde die Auswertungsmethode verfeinert.	Aussage 3
Nun wurden – neben den Umweltbedingungen, der Lokalität, der Tageszeit und der Bekanntheit des Terrains für den jeweiligen Hund – die Schwankungen des Erdmagnetfeldes im Zeitraum der Datenerhebung berücksichtigt.	Beleg 3
Im Ergebnis konnten die Biolog_innen zeigen: Die Hunde richten sich vorzugsweise entlang der magnetischen Nord-Süd-Achse aus, allerdings nur dann, wenn das Erdmagnetfeld ruhig ist. Mit Hilfe dieser Studie konnte letztendlich doch noch bewiesen werden: Auch Hunden ist eine Magnetwahrnehmung angeboren.	Schlussfolgerung

b Trotz der Erkenntnisse aus der Erforschung von Vogelzügen ist der Magnetsinn der Tiere noch immer nicht hinreichend beschrieben und verstanden. Ein zoologisches Forschungsteam der Universität Duisburg-Essen (Hart et al. 2013) untersuchte daher gemeinsam mit Kolleg_innen der Tschechischen Agraruniversität in Prag den Magnetsinn von Hunden und erbrachte den Beweis der tatsächlichen Existenz dieses Wahrnehmungssinns. Die Biolog_innen beobachteten, wie sich 70 Hunde unterschiedlicher Rassen ausrichteten, wenn sie leinenlos im freien Gelände ihre Blase oder ihren Darm entleerten. Zugleich dokumentierten sie die Umweltbedingungen, die Lokalität, die Tageszeit und die Bekanntheit des Terrains für den jeweiligen Hund. Entgegen der Vorannahme zeigte sich, dass Hunde keine bestimmte Körperausrichtung während des Harnens oder Kotens bevorzugen, sondern dass sie sich zufällig ausrichten. Das zumindest zeigte die erste statistische Analyse der umfangreichen empirischen Daten – insgesamt wurden mehr als 7.000 Fälle dokumentiert und ausgewertet. Dieser Befund musste jedoch später revidiert werden. Die Hunde richten sich nämlich sehr wohl vorzugsweise entlang der magnetischen Nord-Süd-Achse aus, allerdings nur in den Phasen, in denen das Erdmagnetfeld ruhig ist. Dieser zweite Befund verdankt sich einer verfeinerten Auswertungsmethode: Die Wissenschaftler_innen analysierten ihre Daten in einem zweiten Durchgang unter Berücksichtigung der Schwankungen des Erdmagnetfeldes im Zeitraum der Datenerhebung. Immer wenn es Änderungen der Intensität und Richtung der Feldlinien gibt, werden diese von Magnetobservatorien registriert und im Internet veröffentlicht. Der hohe Aufwand, der mit der Studie betrieben wurde, war folglich gerechtfertigt; es konnte dadurch gezeigt werden, dass Hunden ein Magnetsinn angeboren ist.

c Dieser zweite Befund verdankt sich einer verfeinerten Auswertungsmethode: [Doppelpunkt] Die Wissenschaftler_innen analysierten ihre Daten in einem zweiten Durchgang unter Berücksichtigung der Schwankungen des Erdmagnetfeldes im Zeitraum der Datenerhebung.

Der hohe Aufwand, der mit der Studie betrieben wurde, ist gerechtfertigt; [Semikolon] es konnte gezeigt werden, dass Hunden ein Magnetsinn angeboren ist.

d In wissenschaftlichen Werken sind Floskeln und Wiederholungen eher unüblich; sie zu verwenden, gilt vielen Fachvertreter_innen als unwissenschaftlich.

Floskeln und Wiederholungen reichern ein wissenschaftliches Werk nicht mit Inhalten an; sie führen zu Redundanzen.

Die Kritik, ein Text sei redundant, ist in der deutschen Wissenschaftskultur schwerwiegend; sie impliziert, dass das wissenschaftliche Werk nicht gründlich genug überarbeitet wurde.

e Es sind unterschiedliche Varianten möglich, hier jeweils ein Vorschlag:

1 Der hohe Aufwand, der mit der Studie betrieben wurde, ist gerechtfertigt, denn es konnte gezeigt werden, dass Hunden ein Magnetsinn angeboren ist.

2 Französische Wissenschaftstexte sind didaktischer als deutsche Wissenschaftstexte, da es ein fester Bestandteil des französischen Stils ist, die Leserschaft an die Hand zu nehmen.

3 Semikola werden im Französischen häufig verwendet, weil sie ermöglichen, zwei dicht aneinander liegende Argumentationsschritte verhältnismäßig leicht zu verbinden.

f <u>Trotz</u> der Erkenntnisse aus der Erforschung von Vogelzügen ist der Magnetsinn der Tiere noch immer nicht hinreichend beschrieben und verstanden. Ein zoologisches Forschungsteam der Universität Duisburg-Essen (Hart et al. 2013) untersuchte <u>daher</u> gemeinsam mit Kolleg_innen der Tschechischen Agraruniversität in Prag den Magnetsinn von Hunden und erbrachte den Beweis der tatsächlichen Existenz dieses Wahrnehmungssinns. Die Biolog_innen beobachteten, wie sich 70 Hunde unterschiedlicher Rassen ausrichteten, <u>wenn</u> sie leinenlos im freien Gelände ihre Blase oder ihren Darm entleerten. <u>Zugleich</u> dokumentierten sie die Umweltbedingungen, die Lokalität, die Tageszeit und die Bekanntheit des Terrains für den jeweiligen Hund. <u>Entgegen</u> der Vorannahme zeigte sich, dass Hunde keine bestimmte Körperausrichtung <u>während</u> des Harnens oder Kotens bevorzugen, <u>sondern</u> dass sie sich zufällig ausrichten. Das zumindest zeigte die erste statistische Analyse der umfangreichen empirischen Daten – insgesamt wurden mehr als 7.000 Fälle dokumentiert und ausgewertet. Dieser Befund musste <u>jedoch später</u> revidiert werden. Die Hunde richten sich <u>nämlich</u> sehr wohl vorzugsweise entlang der magnetischen Nord-Süd-Achse aus, <u>allerdings</u> nur in den Phasen, in denen das Erdmagnetfeld ruhig ist. Dieser zweite Befund verdankt sich einer verfeinerten Auswertungsmethode: Die Wissenschaftler_innen analysierten ihre Daten in einem zweiten Durchgang unter Berücksichtigung der Schwankungen des Erdmagnetfeldes im Zeitraum der Datenerhebung. <u>Immer wenn</u> es Änderungen der Intensität und Richtung der Feldlinien gibt, werden diese von Magnetobservatorien registriert und im Internet veröffentlicht. Der hohe Aufwand, der mit der Studie betrieben wurde, war <u>folglich</u> gerechtfertigt; es konnte gezeigt werden, dass Hunden ein Magnetsinn angeboren ist.

g

Konnektoren	Beispiele im Text
temporal (Chronologie):	wenn, zugleich, während
konditional (Bedingung):	unter Berücksichtigung, immer wenn
final (Zweck):	
konsekutiv (Folge):	folglich
kausal (Begründung):	daher, nämlich
adversativ (Entgegensetzung):	sondern, jedoch, allerdings
instrumental (Mittel):	
konzessiv (Gegengrund):	trotz, entgegen

h Es sind unterschiedliche Varianten möglich, hier jeweils ein Vorschlag:

Eine spontane Ausrichtung des Körpers im Verhältnis zum Magnetfeld der Erde konnte bereits für verschiedene Säugetierarten wie Rinder, Rehe und Füchse nachgewiesen werden (Begall et al. 2008; Burda et al. 2009; Slaby, Tomanova, Vacha 2013). Um herauszufinden, ob auch Hunde ihren Körper spontan ausrichten, untersuchte ein zoologisches Forschungsteam der Universität Duisburg-Essen (Hart et al. 2013) gemeinsam mit Kolleg_innen der Tschechischen Agraruniversität in Prag das Verhalten von Hunden. Die Biolog_innen beobachteten, wie sich 70 Hunde unterschiedlicher Rassen ausrichteten, wenn sie leinenlos im freien Gelände ihre Blase oder ihren Darm entleerten. Anschließend an diese umfangreiche Datenerhebung wurde eine statistische Analyse der mehr als 7.000 aufgezeichneten Fälle vorgenommen. Dabei stellte sich heraus, dass sich keine Regel erkennen lässt, nach der die Hunde eine Körperausrichtung während des Harnens oder Kotens vornehmen. Da dieses Ergebnis den Vorannahmen widersprach, wurde in einer zweiten Analyserunde die Auswertungsmethode verfeinert. Nun wurden – neben den Umweltbedingungen, der Lokalität, der Tageszeit und der Bekanntheit des Terrains für den jeweiligen Hund – die Schwankungen des Erdmagnetfeldes im Zeitraum der Datenerhebung berücksichtigt. Im Ergebnis konnten die Biolog_innen zeigen: Die Hunde richten sich vorzugsweise entlang der magnetischen Nord-Süd- Achse aus, allerdings nur dann, wenn das Erdmagnetfeld ruhig ist.

i

	Korrektur (Formulierungsvorschlag)	Absicht der Autorin / des Autors
1	Baruch de Spinoza hat, wie René Descartes, die Philosophie mathematisch begründet. Spinoza hingegen spricht von der Wahrscheinlichkeit von Fehlern, wenn sich der Mensch auf seine Erfahrungen verlässt.	Entgegensetzung
2	Die Jesuiten versuchten, ihre theologisch-aristotelischen Auffassungen in das chinesische System zu übertragen, obwohl sie fasziniert waren von den außerordentlichen intellektuellen Fähigkeiten der Chinesen, die in einigen Fällen ihre eigenen übertrafen.	Entgegensetzung
3	In den 1990er Jahren mehrten sich die Projekte zur europäischen Geschichte. Diese Entwicklung geht u.a. auf das Ende des Kalten Krieges zurück. Sie wurde zudem von der steigenden Zahl der Akteure begünstigt, die sich mit der europäischen Geschichtsschreibung befassten.	Chronologie (Gleichzeitigkeit)

Meilenstein 3

Erst an dieser Stelle (**Aufgabe a**) wird auf den Begriff eingegangen, der Bestandteil der Kapitelüberschrift ist; es wird erklärt, was unter ‚Binnenstruktur des Textes' zu verstehen ist. Die Empfehlung an die Studierenden lautet, mit einem Textbauplan zu arbeiten, um sich beim Schreiben des argumentativen Fließtextes an einem roten Faden orientieren zu können (**Aufgaben b und c**).

a Unter ‚Binnenstruktur' ist der Aufbau der Argumentation eines wissenschaftlichen Textes zu verstehen.

b Es sind unterschiedliche Varianten möglich, hier ein Vorschlag:

Argument 1
Aussage 1: Erzeugung umfangreicher Daten für die Analyse
Beleg 1:   Beobachtung von 70 Hunden beim Harnen und Koten, Dokumentation und Analyse von über 7.000 Fällen

Argument 2
Aussage 2: Zwei Auswertungsdurchgänge erforderlich, um zu zeigen, dass sich Hunde entlang der magnetischen Nord-Süd-Achse ausrichten
Beleg 2:   Erst im zweiten Durchgang ausschlaggebender Faktor (Schwankungen des Erdmagnetfeldes im Zeitraum der Datenerhebung) berücksichtigt

Schlussfolgerung: hoher Aufwand für Studie gerechtfertigt, da Magnetsinn von Hunden erstmalig bewiesen

c Es sind unterschiedliche Varianten möglich, hier ein Vorschlag:
Um den Magnetsinn bei Hunden nachzuweisen, wurden umfangreiche Daten für die Analyse erzeugt. Das Forschungsteam beobachtete 70 Hunde beim Harnen und Koten. Es dokumentierte und analysierte über 7.000 Fälle. Noch aufwändiger war die Auswertung der Daten. Denn es waren zwei Auswertungsdurchgänge erforderlich, um zu zeigen, dass sich Hunde entlang der magnetischen Nord-Süd-Achse ausrichten. Erst im zweiten Durchgang wurde mit den Schwankungen des Erdmagnetfeldes im Zeitraum der Datenerhebung der ausschlaggebende Faktor berücksichtigt. Letztendlich war der hohe Aufwand für die Studie gerechtfertigt, da der Magnetsinn von Hunden erstmalig bewiesen werden konnte.

③ Eristische Struktur wissenschaftlicher Texte

In den Unterkapiteln 1 und 2 wurde aus didaktischen Gründen das wesentliche Merkmal der wissenschaftlichen Argumentation, ihre Diskursivität, ausgeklammert. An dieser Stelle nun wird der tatsächlichen Komplexität wissenschaftlicher Argumentation Rechnung getragen.
Der Einstieg in den **Aufgaben 3a, 3b und 3c** erfolgt mittels des Vergleichs zweier Textsorten: eines populärwissenschaftlichen und eines wissenschaftlichen Textes. Dieser Ansatz ist inspiriert von einem Aufsatz von Simone Schiedermair (2013), in dem sie ihre Erfahrungen aus der Arbeit mit Studierenden schildert. Studierenden fehle das Wissen über den Zweck von Wissenschaft ebenso wie über die sprachlichen Formulierungen in wissenschaftlichen Texten (ebd.: 1). Aus diesem Grund sei das Resultat der Textarbeit von Studierenden, dass sie Fakten beschreiben, die sie für unumstößlich hielten (ebd.: 4 f.). Sie würden die sprachlichen Signale übersehen, mit denen in wissenschaftlichen Texten diese angeblich unumstößlichen Fakten diskutiert werden (ebd.: 4 f.).

Aufgabe 3d leitet über in die Spracharbeit und sensibilisiert die Studierenden für Formulierungen, die den diskursiven Charakter von Wissenschaft betonen. Die **Aufgaben 3f und 3g** intensivieren diese Spracharbeit mit Hilfe von Übungstexten, die eigens für das Lehrbuch verfasst wurden. Dabei übt **Aufgabe 3g** eine weitere Funktion aus: Auf der inhaltlichen Ebene leitet sie über in den **Info-Kasten** zur eristischen Struktur wissenschaftlicher Werke, der sich unter **Aufgabe 3h** befindet. Die Inhalte sind so zentral, dass es uns gerechtfertigt erscheint, sie in zwei unterschiedlich formulierten Texten zu übermitteln.

Mit **Aufgabe 3i** wird der Schritt in die kritische Reflexion der eigenen Schreibpraxis vollzogen. Aus dieser Aufgabenstellung lässt sich in Kursen ein umfangreiches Projekt entwickeln, in dem die Studierenden gegenseitig ihre Texte begutachten. Allerdings erfordert dieses Projekt das Vorliegen der wissenschaftlichen Texte bzw. Textauszüge, auf die sich die Textwiedergabe bezieht. Mehr noch: Die Studierenden sollten mit diesen Texten einigermaßen vertraut sein, weil die gestellte Aufgabe sonst kaum zu bewältigen ist. Dies ist – wenn überhaupt – nur in Kursen gegeben, in denen hinsichtlich der vertretenen Studienfächer Homogenität besteht.

a Text 1 aus populärwissenschaftlichem Journal. Text 2 aus wissenschaftlichem Fachartikel.

b

	populärwissenschaftlicher Text	wissenschaftlicher Text
informieren	☒	☒
Sachverhalte darstellen	☒	☒
Studien vergleichen	☐	☒
argumentieren	☐	☒
Forschungsergebnisse bewerten	☐	☒
die Vorläufigkeit der Forschungs-ergebnisse betonen	☐	☒

c Im Vergleich zu populärwissenschaftlichen Werken zeichnen sich wissenschaftliche Werke dadurch aus, dass sie eine Argumentation enthalten. Zu dieser Argumentation gehören Aussagen, zitierfähige Belege sowie Kommentierungen.

d

Wiedergabe von Sachverhalten	Kommentierung	
	Bewertender Kommentar	**Einschränkender Kommentar**
Zu diesem Zweck wurde …	Die Aussagekraft der vorliegenden Studien ist nicht hinreichend erwiesen.	Ein Forschungsteam unternahm den Versuch, …
Das Forschungsteam untersuchte XY.		XY gilt den Forschenden als Beleg für …
Folglich konnten die Untersuchungen nicht reproduziert werden.		Das Forschungsteam meint …. nachweisen zu können.

e Davids Zusammenfassung ist hinsichtlich der Wiedergabe der Kommentierung gelungen; diese gibt er korrekt wieder. Allerdings fehlen in seinem Text die Sachverhalte, er beschränkt sich auf die Kommentierung. Kathy hingegen referiert ausführlich und korrekt die Sachverhalte, lässt jedoch die Kommentierung außen vor. Lauras Text enthält wie Davids Text keine Beschreibung der Sachverhalte. Zwar gibt sie eine Kommentierung wieder, diese passt jedoch nicht zum Ursprungstext. Laura leitet völlig andere Schlussfolgerungen ab, als der Originaltext zulässt. Demzufolge ist es keiner bzw. keinem der Studierenden gelungen, allen Ansprüchen an eine korrekte Wiedergabe gerecht zu werden. Würde man Davids und Kathys Text kombinieren, erhielte man eine vorbildliche Version.

f Wiedergaben von Sachverhalten
Bewertungen
Einschränkungen

Simone Schiedermair (2013) beschäftigt sich in ihrem praxisorientierten Aufsatz mit der Schreibdidaktik im Rahmen der Vermittlung von Deutsch als Wissenschaftssprache und unterbreitet Vorschläge für deren Ausgestaltung, die der weiteren Diskussion bedürfen. In ihren Ausführungen bezieht sie sich auf Konrad Ehlich, der bereits in den 1990er Jahren den Begriff ‚eristische Struktur' geprägt hatte. Dieser Begriff trage dem Umstand Rechnung, dass sich in wissenschaftlichen Texten erstens eine „Struktur der Wissenswiedergabe" (ebd.: 3) und zweitens eine „Struktur der gleichzeitigen wertenden Kommentierung dieses Wissens" (ebd.: 3) findet. Schiedermair betont die Notwendigkeit, Studierende für diese „doppelte Struktur" zu sensibilisieren und belegt diese Aussage mit plausiblen Beispielen aus ihrer Unterrichtspraxis. Die Studierenden müssten nicht nur in die Lage versetzt werden, die eristische Struktur der wissenschaftlichen Werke, mit denen sie sich befassen, korrekt wiederzugeben. Vielmehr müssten sie auch lernen, diese Struktur in eigenen Texten zu realisieren. Laut Schiedermair können die dafür erforderlichen Kompetenzen nur schrittweise aufgebaut werden. Folglich entwickelt sie ein stufenförmig aufgebautes didaktisches Konzept für den Fremdsprachenunterricht an bundesdeutschen Hochschulen, das sinnvoll und praktikabel erscheint, zumal sie im Anhang Textpassagen ergänzt, mit denen Lehrkräfte in ihren Kursen arbeiten können. Allerdings blendet sie aus, dass die Anforderung an Studierende, den eigenen Texten eine eristische Struktur zu verleihen, nicht universell, sondern kulturspezifisch ist. In anderen Ländern besteht diese Anforderung nicht in diesem Maße. Der fehlenden interkulturellen Perspektive ist geschuldet, dass Schiedermairs Vorschlag etwas zu kurz greift. Um das didaktische Konzept weiterzuentwickeln, müsste die Kulturspezifik der Hochschullehre Berücksichtigung finden.

g Dass wissenschaftlichen Werken eine ‚eristische Struktur' zu eigen ist, bedeutet, dass sie nicht bloß Faktenwissen enthalten, sondern dass die vorgetragenen Sachverhalte immer auch diskutiert bzw. kritisiert werden. Eine kritische Haltung einzunehmen, bedeutet zugleich, eine distanzierte Position gegenüber dem Dargestellten zu beziehen. Für die Rezeption wissenschaftlicher Werke durch Studierende resultiert aus der eristischen Struktur, sensibel zu sein für Formulierungen, in denen Kommentierungen zum Ausdruck gebracht werden. Denn werden diese übersehen, wird der Anschein erweckt, als hätten die dargestellten Sachverhalte den Status des Endgültigen und nicht des Vorläufigen.

Strukturieren – Makrostruktur von Texten anlegen

1 **Drei Gliederungsformen: Rhombus, Kette, Waage**

Die **Aufgaben 1a bis 1d** bilden den Vorspann zum Thema Strukturieren. Wir haben uns für eine Annäherung an das Thema entschieden, weil wir in unserer Arbeit mit internationalen Studierenden die Erfahrung gemacht haben, dass der Nutzen der im Rahmen der Argumentationslehre zu behandelnden Gliederungsformen angezweifelt wird. Einige Kursteilnehmer_innen nehmen Rhombus, Kette und Waage als Korsett wahr, das dem wissenschaftlichen Gehalt ihrer Arbeit abträglich sei, weil es der kreativen Entfaltung ihrer Gedanken zu viele formale Zwänge auferlegte. Vereinzelt wurde gar geäußert, diese Herangehensweise sei „typisch deutsch". Wie alle anderen Kapitel des Lehr- und Arbeitsbuches enthält auch dieses Unterkapitel Empfehlungen zum wissenschaftlichen Arbeiten; mit den Aufgaben 1a bis 1d sollen auch skeptische Studierende dazu motiviert werden, die Vorschläge zumindest zu erproben.

In den **Aufgaben 1e bis 1i** werden die Gliederungsformen Rhombus, Kette und Waage erarbeitet. Diese drei Gliederungsformen sind in der Argumentationslehre zentral. Die Lernziele sind, die Gliederungsformen kennenzulernen (**Aufgaben 1e und 1f**), das Wissen anzuwenden (**Aufgaben 1g und 1h**) und Schlussfolgerungen aus dem Gelernten zu ziehen (**Aufgabe 1i**). In letztgenannter Aufgabe finden authentischen Kommentare von (skeptischen) Studierenden Verwendung. Die Wiederholungen der Lerninhalte in unterschiedlichen Übungsformaten bezwecken, dass sich die Studierenden die wesentlichen Informationen zu den Gliederungsformen einprägen und in der eigenen Schreibpraxis anwenden können.

c genannte Strategien: Rückmeldung / Feedback einholen; Arbeitspausen einlegen; Textbauplan anfertigen und immer wieder überprüfen

f Rhombus: Gleichwertiges Nebeneinander. Kette: Schrittweiser Aufbau. Waage: Gegenüberstellung

g Tanja: Waage. Mario: Rhombus. Samira: Kette.

h Pro und Contra öffentlicher Forschungsförderung am Beispiel einer Studie zum Magnetsinn von Hunden: Waage. Die Erforschung des Magnetsinns von Säugetieren. Eine kritische Betrachtung der Methodologie: Kette. Zur Originalität von Wissenschaft anhand von drei aktuellen Beispielen aus der Forschung: Rhombus.

i Der Rhombus …
☒ ist im Vergleich zu Kette und Waage am leichtesten umzusetzen. Begründung: Da die drei Unterkapitel des Hauptteils zunächst einmal nicht argumentativ miteinander verbunden werden, mag diese Behauptung zutreffen. Aber auch bei dieser Gliederungsform müssen Bezüge zwischen den Unterkapiteln hergestellt werden, wenn auch erst im Schlussteil.

Die Kette …
☒ wirkt der traditionell-westlichen Gepflogenheit entgegen, alle Dinge nach einer binären Logik (entweder – oder) zu betrachten. Begründung: Weil sich der Hauptteil aus drei Unterkapiteln zusammensetzt, ist diese Aussage zutreffend.

Die Waage …
☒ ist mit ihrer binären Logik für Schreibanfänger_innen geeignet. Begründung: Insbesondere das Schema Pro-Argumente / Contra-Argumente erleichtert das Strukturieren der ersten umfangreichen Arbeit, die im Studium geschrieben werden muss.

Mischformen: Es kann sinnvoll sein, die drei Argumentationsformen innerhalb eines Textes zu mischen.

☒ Nein. Begründung: Eine Mischform kann ein Indiz dafür sein, dass man bislang nicht konsequent die zentrale Forschungsfrage verfolgt. Vermutlich will man noch zu viel in einem Text unterbringen. Wenn man für einen studentischen Text eine Mischform gefunden hat, ist das also ein Zeichen dafür, dass es sinnvoll sein kann, den Entwurf zu überarbeiten.

Meilenstein 4

In diesem Unterkapitel wird der Komplexitätsgrad erhöht, indem eine Verbindung zwischen dem Argumentieren und dem Strukturieren hergestellt wird. Die Kernaussage ist, dass sich die Binnenstruktur eines Textes in seiner Makrostruktur abbilden sollte (**Aufgabe a mit Info-Kasten**). Als Bindeglied zwischen beiden Ebenen werden die Schlussfolgerungen in den Fokus gerückt (**Aufgaben b und c**). Die Empfehlung lautet, ausgehend von den Schlussfolgerungen sowohl einen argumentativen Fließtext, als auch dessen Gliederung zu erarbeiten (**Info-Kasten**).

b Variante 1: Zur Originalität von Wissenschaft anhand von drei aktuellen Beispielen aus der Forschung. Variante 2: Pro und Contra öffentlicher Forschungsförderung am Beispiel einer Studie zum Magnetsinn von Hunden. Variante 3: Die Erforschung des Magnetsinns von Säugetieren. Eine kritische Betrachtung der Methodologie.

c Es gibt zahllose Varianten, hier ein Vorschlag für Variante 4:
Schlussfolgerung: Der Magnetsinn von Hunden konnte erst 2013 nachgewiesen werden. Alle Versuche, die dieser erfolgreichen Studie voraus gegangen waren, sind gescheitert.
Titel der Seminararbeit: Zur Wissenschaftsgeschichte der Erforschung des Magnetsinns von Hunden. Ein Überblick
Gliederungsform: Rhombus
Begründung: In den drei Unterkapiteln des Hauptteils könnten in einer chronologischen Reihenfolge sinnvolle Zeitabschnitte (z. B. 19. Jahrhundert, 20. Jahrhundert, 21. Jahrhundert) dargestellt werden.

2 Der Arbeitsprozess des Strukturierens

Herzstück dieses Unterkapitels ist ein Dialog zwischen Dozent und Studentin (**Aufgabe 2a**). Die Funktion dieses konstruierten und idealisierten Beratungsgesprächs ist, den Studierenden die Denk-, Schreib- und Arbeitsprozesse zu verdeutlichen, an deren Ende das Inhaltsverzeichnis bzw. die Gliederung als „Produkt" steht. Eingangs wurde bereits darauf hingewiesen, dass diesbezüglich wenig Transparenz besteht, sodass es das Hauptanliegen von Kapitel C ist, einen Blick in die Werkstätten der Wissenschaft zu werfen und dabei den einen und anderen Aha-Effekt bezüglich des eigenen wissenschaftlichen Arbeitens zu erzeugen. Beiläufig ruft Aufgabe 2a zudem in Erinnerung, dass ein Sprechstundenbesuch sehr hilfreich sein kann (❯ Band 1, Kap. A).

Mit der nächsten Aufgabe wird – wie bereits in Meilensten 4 – der Bogen vom Strukturieren zum Argumentieren geschlagen, hier mit Blick auf die eristische Struktur wissenschaftlicher Texte (**Aufgabe 2b**). Indem die Studierenden eine Antwort auf die offen gestellte Frage finden, wenden sie das Erlernte einmal mehr an. Ihnen als Kursleiter_in ermöglicht diese Aufgabe herauszufinden, ob die erarbeiteten Inhalte gänzlich verstanden worden sind.

Der **Info-Kasten** leistet sowohl eine Einordnung als auch einen Ausblick. Studienanfänger_innen können der an sie gestellten Anforderung, die Diskursivität von Wissenschaft abzubilden, Rechnung tragen, indem sie in jedem ihrer Texte eine Gliederungsform anwenden. Von fortgeschritteneren Studierenden wird hinsichtlich der Realisierung einer eristischen Struktur mehr erwartet, wobei wir davon ausgehen, dass diese Anforderung im Studium spezifisch für die deutsche Wissenschaftskultur ist und – wenn überhaupt – nur von sehr fortgeschrittenen Deutschlernenden erfüllt werden kann. Daher üben wir, auch im Intensivtrainer, diese Fertigkeit mehr rezeptiv und weniger produktiv ein.

a Checkliste:
- für Festlegung von Thema, zentraler Forschungsfrage und Erkenntnisinteresse auf diese Notizen zurückgreifen
- Argumentation inklusive der Schlussfolgerungen entwickeln
- mittels Schlussfolgerungen Thema, zentrale Forschungsfrage, Erkenntnisinteresse und Thesen präzisieren
- spiralförmig arbeiten: Text an neuen Erkenntnisstand anpassen
- Gliederungsform (Rhombus, Kette oder Waage) festlegen
- Argumentation und Gliederungsform eng miteinander verbinden
- Sprechstunde bei Dozentin / beim Dozenten nutzen

b Neben der Binnenstruktur kann auch die Makrostruktur wissenschaftlicher Texte als ‚eristisch' bezeichnet werden, da die jeweilige Gliederungsform die Art und Weise vorgibt, in der die Texte, auf die sich eine Autorin / ein Autor bezieht, zueinander ins Verhältnis gesetzt werden. Rhombus, Kette und Waage können verstanden werden als spezifische Formen der Kombination wissenschaftlicher Texte. Besonders deutlich wird das bei der Waage. Hier stellt die Autorin / der Autor eine Streitsituation her, indem sie er konträre Positionen aus unterschiedlichen Texten darlegt. Aber auch in der Kette manifestiert sich der wissenschaftliche Diskurs. Denn hier wird ein komplexer Gedankengang auf der Grundlage unterschiedlicher Texte entwickelt. Am schwächsten ist die eristische Struktur beim Rhombus ausgeprägt, weil es hier zunächst darum geht, verschiedene Aspekte gleichrangig nebeneinander darzustellen. Erst im Schlussteil werden weiterführende Aussagen getroffen.

Meilenstein 5

Mit diesem fünften und letzten Meilenstein wird die Brücke zu Kapitel E geschlagen, in dem es um den Schreibprozess geht. Hier steht die Frage im Mittelpunkt, wo die mit Hilfe der einzelnen Werkzeuge erarbeiteten Inhalte in studentischen Texten ihren Platz finden (**Aufgabe a**). Zudem wird darauf hingewiesen, wie wichtig es ist, die in der Einleitung aufgeworfene zentrale Forschungsfrage im Schlussteil tatsächlich zu beantworten (**Info-Kasten**). Indem sich die Studierenden an diese Regel halten, stellen sie vergleichsweise leicht ein Qualitätsmerkmal ihrer Arbeit sicher.

a Die beiden Varianten unterscheiden sich darin, in welchem Teil die Prämissen gesetzt, die zentralen Begriffe definiert und die Thesen aufgestellt werden. Das kann entweder in der Einleitung oder im Hauptteil erfolgen.

TABUFRAGE

Manche Studierende haben den Anspruch an sich selbst, einen vollkommenen Text abzuliefern. Oft kommt die Sorge hinzu, dass die eigene Leistung von jenen, die den Text lesen, als schlecht eingeschätzt wird. Also findet man bei jedem wiederholten Lesen des Textes Schwachstellen und zieht eine weitere Überarbeitungsschleife. Dieser Perfektionismus kann verhindern, einen Text aus den Händen zu geben. In diesem Fall hilft es, sich erstens die Leistungsansprüche bewusst zu machen, die man an sich selbst stellt, und diese zweitens auf ein realistisches Maß zu reduzieren. Studierende sind Lernende, und dieses Lernen erfolgt stufenförmig. Zudem braucht es die Rückmeldungen durch erfahrene Wissenschaftler_innen. Nur indem man sich von Texten trennt, bekommt man dieses Feedback und kann es beim nächsten Text noch besser machen.

TEST

Als wissenschaftliche Argumentation kann dieser Disput deshalb nicht bezeichnet werden, weil die Aussagen nicht belegt werden. Daher haben sie den Charakter von (politisch gefärbten) Behauptungen und nicht von wissenschaftlichen Argumenten. Zudem werden positive wie negative Gefühle ausgedrückt. Dem Streitgespräch fehlen also die Elemente ‚Belege' und ‚Sachlichkeit'.

Textsorten im Studium

Hintergrund

Der Kenntnis der im Studium relevanten Textsorten schreiben Vertreter_innen der deutschsprachigen Hochschulschreibdidaktik einen zentralen Stellenwert zu (vgl. z.B. Pospiech / Holste 2011: 138). Gleiches gilt für die Hochschulschreibdidaktik in Nordamerika (vgl. z.B. Zemach / Broudy / Valvona 2011). Wie vielschichtig das zu vermittelnde Wissen ist, verdeutlicht Kruse (2011), wobei er nicht von ‚Textsorten', sondern wegen der besseren Anschlussfähigkeit an internationale Diskurse von ‚Genres' spricht. Laut Kruse bewegt sich ein genreorientierter Ansatz auf den folgenden sieben Ebenen (ebd.: 164–165):

1. „Kontextwissen" – liefert die jeweils passende Situierung und führt den Studierenden vor Augen, dass es z.B. nicht den einen Kommentar gibt, sondern unterschiedliche, kontextabhängige Formen des Kommentars.
2. „Genretheorie" – ist vergleichsweise wenig relevant; dem Anwendungsbezug ist immer der Vorzug zu geben.
3. „Aktives Erkunden und Ausprobieren von Texten" – stehen im Mittelpunkt des didaktischen Konzepts.
4. „Regeln, Strukturen und sprachliche Mittel" – die Lehrenden sollen sich bei deren Vermittlung auf allgemein anerkannte Lehrbücher stützen.
5. „Training" – hierfür sind Feedback und Anleitung elementar, dazu gehören Fehlerfreundlichkeit sowie klare Leistungsanforderungen.
6. „Kreativitätsentwicklung" – das anspruchsvolle Lernziel besteht darin, innerhalb der Genre-Konventionen einen eigenen Stil zu entwickeln.
7. *„Peer-Feedback"* – holt die Schreibenden aus ihrer isolierten Schreibsituation heraus.

Im Lehr- und Arbeitsbuch fokussieren wir uns auf ‚Kontextwissen' sowie ‚Regeln, Strukturen und sprachliche Mittel'. Alle anderen Aspekte werden im Intensivtrainer aufgegriffen und bearbeitet. Zwischen der Auftaktseite und der ersten Lektion zu den Formaten akademischer Lehre besteht ein enger Zusammenhang. Die Betrachtung der verschiedenen Veranstaltungstypen soll helfen, die für die Studierenden relevanten Textsorten einzuordnen.

Die Auswahl der Textsorten in den drei Folgekapiteln beschränkt sich auf Klausur, Seminararbeit und Essay. Das komplexe und umfangreiche Thema der Abschlussarbeiten bleibt hier ausgeklammert. Mitschriften und Notizen ist in Band 3 zur Gesprochenen Wissenschaftssprache ein eigenes Kapitel gewidmet.

➡ Zitierte Literatur:

Kruse, Otto (2011): Zwischen Kreativität und Konvention. Vermittlung von Genre-Kompetenz in einem Einführungskurs ‚Textproduktion'. In: Berning Johannes (Hg.): Textwissen und Schreibbewusstsein.

Beiträge aus Forschung und Praxis. (= Schreiben – interdisziplinär. Studien. Band 6). Berlin: LIT Verlag, 143–168.

Pospiech, Ulrike / Holste, Alexander (2011): Schreiben zu Textsorten – Zur Begründung eines schreib-didaktischen Lehr-Lern-Konzepts. In: Berning Johannes (Hg.): Textwissen und Schreibbewusstsein. Beiträge aus Forschung und Praxis. (= Schreiben – interdisziplinär. Studien. Band 6). Berlin: LIT Verlag, 116–141.

Zemach, Dorothy E. / Broudy, Daniel / Valvona, Christ (2011): Writing Research Papers. From Essay to Research Paper. Oxford: Macmillan.

Auftaktseite

Uhrzeit	Montag	Dienstag	Mittwoch	Donnerstag	Freitag	Samstag	Sonntag
08.00–10.00 Uhr	Vorlesung			Vorlesung			
10.00–12.00 Uhr	Tutorium	Lektüre-seminar					
12.00–14.00 Uhr			Aufbau-seminar				
14.00–16.00 Uhr							
16.00–18.00 Uhr							
18.00–20.00 Uhr							
20.00–22.00 Uhr							

Akademische Lehrveranstaltungen

1 **Vorlesung, Seminar, Tutorium**

a

	Lernziele	Teilnehmende	Lehrende	Durchführung	Teilnahme-begrenzung	Anmeldung
Vor-lesung	Vermittlung von Fachwissen	Studierende aller Semester	Professor_innen	wöchentlicher Turnus, 90 min	meist keine	nein
Tutorium	Wiederholung des Lernstoffs, Klärung von Fragen	Teilnehmende einer Vorlesung oder eines Seminars	fortgeschrit-tene Studie-rende	ein komplettes Semester	bei einigen Tutorien vorhanden	bei einigen Tutorien erforderlich

Proseminar	Fachthema erschließen und / oder Techniken wiss. Arbeitens einüben	Studierende der ersten Semester	nicht promovierte und promovierte wissenschaftliche Mitarbeiter_innen	wöchentlich während des Semesters oder als Blockveranstaltung	meist vorhanden	meist erforderlich
Aufbauseminar	Fachthema erschließen und / oder Techniken wiss. Arbeitens vertiefen	Studierende der höheren Semester	nicht promovierte und promovierte wissenschaftliche Mitarbeiter_innen, Professor_innen	wöchentlich während des Semesters oder als Blockveranstaltung	meist vorhanden	meist erforderlich
Lektüreseminar	intensive Textinterpretation	Studierende der ersten oder der höheren Semester	nicht promovierte und promovierte wissenschaftliche Mitarbeiter_innen, Professor_innen	wöchentlich während des Semesters oder als Blockveranstaltung	meist vorhanden	meist erforderlich
Kolloquium	Abschlussarbeiten im Entstehungsprozess vorstellen und diskutieren	Studierende am Ende Ihres Studiums	promovierte Betreuer_innen der Abschlussarbeit	wöchentlich während des Semesters	meist vorhanden	meist erforderlich

b

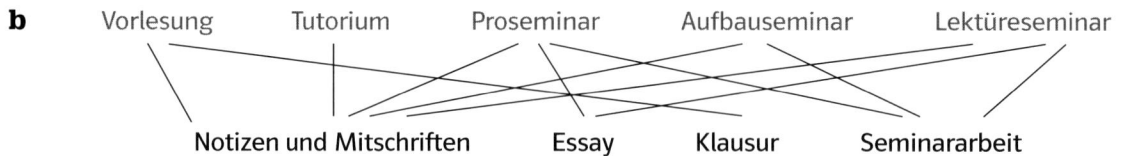

Vorlesung   Tutorium   Proseminar   Aufbauseminar   Lektüreseminar

Notizen und Mitschriften   Essay   Klausur   Seminararbeit

Klausur

1 Textsortenmerkmale

a *Tutor83* und *Omega* berichten in ihren Antworten von zwei unterschiedlichen Klausurformen: erstens von Prüfungen mit offenen Fragen und zweitens von Prüfungen, die beantwortet werden, indem verschiedene Antwortoptionen vorgegeben werden und die jeweils richtige Antwort angekreuzt werden muss.

b Jacob und Uma haben gerade einen Multiple-Choice-Test absolviert. Das wird vor allem in dem deutlich, was Uma sagt.

d + e

Textsorten-Steckbrief: Klausur	
Funktionen	Prüfung zum Verständnis des Lehrstoffes. Erfolgreich bestandene Klausur gilt als Leistungsnachweis und ist häufig die Voraussetzung für das Bestehen eines Moduls.
Durchführung	Festgelegter Prüfungstag für alle. Keine Hilfsmittel. Meist Präsenz erforderlich. An einigen Hochschulen: Klausuren im virtuellen Prüfungsraum absolvieren. In einigen Fächern: Übungsklausuren schreiben.
Adressaten	Dozent_in der jeweiligen Lehrveranstaltung (Seminar oder Vorlesung).
Sprache und Stil	Sachlicher, neutraler Stil. Etwas näher an Umgangssprache als andere studentische Textsorten, wegen freien Schreibens in vorgegebener Zeit.
Aufbau	Klare Gliederung und stringente Argumentation.
Sekundärliteratur	Ist für Vorbereitung, nicht aber für Schreiben von Klausuren relevant. Hilfsmittel sind beim Schreiben von Klausuren nicht zugelassen.
Zitate	Direkte Zitate für Schreiben von Klausuren nicht relevant. Hilfsmittel sind beim Schreiben von Klausuren nicht zugelassen. Hierzulande ist es unüblich, Zitate auswendig zu lernen.

2 Tipps

a die Fragen unpräzise beantworten
den Arbeitsauftrag nicht genau erfassen
die Punktezahl der Aufgaben nicht als Anhaltspunkt für die Ausführlichkeit der Antwort nehmen
sich darauf konzentrieren, möglichst viel aufzuschreiben
zu lange und ungenaue Antworten aufschreiben
kopflos an eine Klausur herangehen
die Fragen unsystematisch beantworten
die schwerste Frage zuerst beantworten
vergessen, wie viel Zeit zur Verfügung steht
zu schnell losschreiben, ohne Konzept, Gliederung und / oder Argumentation

c Vielen Menschen hilft es, sich langfristig auf Prüfungen vorzubereiten und nicht erst kurz vor der Prüfung mit dem Lernen zu beginnen. Andere Menschen behaupten von sich, nur unter Druck lernen zu können. Empfehlenswert ist es, Entspannungsübungen zu praktizieren, unabhängig davon, ob eine Prüfung vor der Türe steht oder nicht. Yoga, autogenes Training, Qigong oder eine andere Technik über einen längeren Zeitraum und regelmäßig zu üben, ist die beste Prävention gegen Prüfungsstress.

d **Definition von Prüfungsangst:** N. Semmler setzt Prüfungsangst mit Versagensangst gleich, also der Angst, einer Situation nicht gewachsen zu sein und zu scheitern. Im Fall der Prüfungsangst wäre das, die Prüfung nicht zu bestehen. **Ursachen für Prüfungsangst:** N. Semmler nennt die folgenden drei Ursachen für Prüfungsangst: 1) bereits die Erfahrung gemacht zu haben, eine Prüfungssituation nicht bestanden zu haben, 2) sich von den Erzählungen anderer beeindrucken zu lassen und 3) von sich selbst zu erwarten, die Situation völlig kontrollieren zu können. **Strategie gegen Prüfungsangst:** N. Semmler rät, schwere Fälle von Prüfungsangst psychologisch behandeln zu lassen. Als wissenschaftlich erprobte Methode nennt er die Hypnotherapie.

Seminararbeit

1 **Textsortenmerkmale**

a
1a	☒ unangemessen	b	☒ angemessen	c	☒ unangemessen
2a	☒ unangemessen	b	☒ unangemessen	c	☒ angemessen
3a	☒ unangemessen	b	☒ angemessen	c	☒ angemessen
4a	☒ unangemessen	b	☒ unangemessen	c	☒ unangemessen
5a	☒ angemessen	b	☒ angemessen	c	☒ unangemessen

2 **Bewertungskriterien**

a Die Autorin erfüllt alle Anforderungen an eine gute Seminararbeit. Sie entspricht allen Kriterien mindestens einmal im Text. Lediglich der Titel ihrer Seminararbeit könnte prägnanter sein und den Zuschnitt ihres Themas besser verdeutlichen.

Kriterien	Text
2) Das Forschungsthema eingrenzen. 11) Einen eigenen Themenzuschnitt finden.	Z. 2/3: Ich beschreibe deren Schwierigkeiten und untersuche, ob es sich um geschlechtsspezifische Probleme handelt.
3) Eine klare Fragestellung formulieren. 6) Einheitliche Verwendung der zentralen Begriffe, keine Synonyme. 7) Einheitliche Verwendung geschlechterbewusster Sprache.	Z. 3/4: Ist die Unterrepräsentanz von Journalistinnen in Führungspositionen auf diskriminierende Strukturen zurückzuführen?
4) Andere Autor_innen zitieren. 6) Einheitliche Verwendung der zentralen Begriffe, keine Synonyme. 8) Literaturverweise geben. 9) Paraphrasieren.	Z. 5–9: Bevor ich die forschungsleitende Frage beantworte, ist der Begriff ‚Geschlecht' zu definieren. Geschlecht beruht zwar auf biologischen Merkmalen, wird aber stets kulturell überformt und sozial gedeutet (Mogge-Grotjahn 2004: 8). Somit ist Geschlecht eine Variable, die Persönlichkeit, soziale Rolle und Beruf formt. Zudem prägt Geschlecht die Wahrnehmung, das Verhalten und die Handlungen von Menschen.
4) Andere Autor_innen zitieren. 5) Korrekte Verwendung von Abkürzungen. 8) Literaturverweise geben. 10) Zusammenfassen.	Z. 10–13: Wie Dorer et al. 2008, Klaus 2005 und Sitter 1998 übereinstimmend feststellen, üben im Journalismus Tätige ihr Geschlecht aus und entwerfen dabei ihre geschlechtlichen Identitäten immer wieder neu. Aufgrund ihrer geschlechtsspezifischen Sozialisation sehen und interpretieren Männer und Frauen die Welt und die Geschehnisse anders.
12) Schlussfolgerungen ziehen.	Z. 13–16: Somit wirkt sich Geschlecht in zweierlei Hinsicht aus: Erstens können Journalistinnen eine andere Weltsicht als Journalisten haben. Zweitens kann ihr Umgang mit dem Aufstieg in Führungspositionen anders sein als der ihrer Kollegen.

3 **Tipps**

a 3 formal, 4 formal, 5 formal, 6 inhaltlich, 7 formal, 8 formal, 9 inhaltlich

b Angaben auf dem Titelblatt:
Format der Arbeit (Dateiformat, Papierversion):
Aufbewahrungszeit in Monaten:
Verbindlichkeit der vorgegebenen Wörterzahl:

c Grundsätzlich sind die Informationen am verlässlichsten, welche die Hochschulen auf ihren Internetseiten veröffentlichen. Aber es ist wichtig, zwischen formalen Vorgaben und inhaltlichen Hinweisen zu unterscheiden.
Hinsichtlich der formalen Vorgaben sollten Sie sich nicht an einem beliebigen Internet-Dokument orientieren, sondern recherchieren, ob Ihr Institut etwas veröffentlicht hat. Denn die formalen Vorgaben sind so unterschiedlich, dass Ihnen Hinweise anderer Hochschulen oder Institute eher schaden als nutzen.
Hinsichtlich der inhaltlichen Hinweise können auch die Veröffentlichungen von Tages- und Wochenzeitungen sowie von Privatleuten von verlässlicher Qualität sein. Keine Garantie dafür ist die Anzahl der Zugriffe. Wenn Sie ein Grundverständnis der Materie haben – das Sie sich gerade aneignen, indem Sie mit diesem Buch arbeiten – dann können Sie sich auf Ihr Bauchgefühl verlassen und zielsicher geeignete Quellen aussuchen.

d

Textsorten-Steckbrief: Seminararbeit	
Funktionen	Wichtigste studentische Textsorte, dient Einübung der Techniken des wissenschaftlichen Schreibens sowie Wissenserwerb zu spezifischer Frage.
Adressaten	Dozent_in des jeweiligen Pro- oder Hauptseminars.
Sprache und Stil	Sachlich und neutral.
Aufbau	3- bzw. 5-Schritt (❸ Kap. C, Argumentieren)
Seitenumfang	Hängt vom Fachbereich ab und davon, ob Bachelor- oder Masterstudium.
formale Anforderungen	Deckblatt mit Titel sowie weiteren Angaben; nummeriertes Inhaltsverzeichnis; Text mit Seitenzahlen; Literaturverzeichnis; Abbildungsverzeichnis (falls Abbildungen vorhanden sind); Erklärung zur Urheberschaft.
Umfang von Sekundär-literatur	Pro Textseite mind. 1–2 themenspezifische Quellen. Bei kürzeren Arbeiten (z. B. Seminararbeiten von 15 Seiten) orientiere man sich eher an der oberen Grenze (30 Quellen als angemessene Zahl), bei längeren Arbeiten (Masterarbeit von 60 Seiten) eher an der unteren Grenze (60 Quellen als angemessene Zahl). (vgl. Bänsch, A. / Alewell, D. 2013: 9)
Zitate	Korrekter Umgang mit Zitaten wesentliches Element dieser Textsorte.

Essay

1 **Textsortenmerkmale**

b

Auszug aus dem Essay „Konzept einer ehrlichen Unternehmensethik" (Hauke Hansen)	Lösungen 1b	Lösungen 1c
Dieser Essay entwickelt das Konzept einer ehrlichen Unternehmensethik.	3	1
Sie ist deontologisch und steht am Ende eines selbstbestimmten ethischen Entwicklungsprozesses, der eingeleitet wurde durch die gesellschaftliche Leitfrage: „Was steckt hinter dem Handeln von Unternehmen?"	6	1
Ich will mit einem Gedankenexperiment beginnen, das uns zum Konzept einer ehrlichen Ethik führen wird: Ein Unternehmen erklärt, bei der Herstellung seiner Produkte in einem bestimmten Entwicklungs- beziehungsweise Schwellenland zukünftig auf Kinderarbeit verzichten zu wollen, weil diese nicht mehr vereinbar sei mit den ethischen Grundsätzen des Unternehmens.	8	2
Dieser Schritt ist uneingeschränkt zu begrüßen!	1	2
Viele Konsumenten werden ähnlich denken. Manche werden allerdings darüber entsetzt sein, dass das Unternehmen überhaupt Produkte durch Kinder hat fertigen lassen. Sie werden die Interaktionsbeziehung mit dem Unternehmen umgehend beenden, um es nachträglich für sein unmoralisches Handeln zu bestrafen.	7	3
Andere Konsumenten hingegen werden sich von diesem jetzt ethischen Unternehmen sowie seinen vermeintlich fairen Produkten hingerissen fühlen und den Schritt des Unternehmens belohnen.	4	2
Diesem teleologischen Verständnis („Es ist gut, dass das Unternehmen auf Kinderarbeit verzichtet") will ich ein deontologisches entgegensetzen:	5	3
Ich will die Gründe erfahren, warum das Unternehmen plötzlich auf Kinderarbeit verzichtet!	9	2
Hat es diesen Schritt wirklich aus eigener Überzeugung getan, etwa weil es eingesehen hat, dass die Ausbeutung von Kindern ein Verbrechen ist? Oder hat es sich mit seiner Entscheidung bloß gesellschaftlichem Druck gebeugt? Oder sind am Ende gar wirtschaftliche Aspekte bestimmend gewesen für das unternehmerische Handeln? [...]	2	2

d ☒ 1, ☐ 2, ☐ 3, ☒ 4

2 **Vergleich Seminararbeit – Essay**

a Text A entstammt einer Seminararbeit. Das ist an den Quellenangaben zu erkennen.

3 Typische Formulierungen im Essay

a

eine Aussage verstärken	sich einer Meinung anschließen	verbal angreifen
logischerweise	Es ist uneingeschränkt zu begrüßen, …	Fälschlicherweise wird häufig angenommen, …
selbstverständlich	Stichhaltig ist, …	Es stimmt einfach nicht, …
unbestreitbar	Es besteht kein Zweifel daran, …	Nur bei einer oberflächlichen Betrachtung kann man zu dem Schluss kommen, …
auf jeden Fall	zweifellos	mitnichten

b

Erzielte Wirkung	Formulierungsbeispiele
laut nachdenken (Metakommunikation)	Nehmen wir an, …
	Gesetzt den Fall, dass …
	Es mutet an, als wäre / als könnte …
	Man denke an …
die persönliche Sichtweise herausstellen (subjektive Perspektive)	Meine Antwort lautet: …
	Ich komme zu der Schlussfolgerung, dass …
	Aus meiner Sicht …
einer Aussage Nachdruck verleihen (Argumentation)	…!
	Niemand würde widersprechen, dass …
	Besonders interessant: …

→ Zitierte Literatur:

Hansen, Hauke (2013): Konzept einer unehrlichen Unternehmensethik. Abrufbar unter: http://www.hwwi.org/fileadmin/coh/dokumente/essays/Hauke_Hansen_Konzept_einer_ehrlichen_Unternehmensethik.pdf.

4 Tipps

a Ihr Schreibfahrplan könnte folgendermaßen aussehen:

Schritt 1: Hauptteil verfassen

Argumentation – roten Faden anlegen

Argumente mit Beispielen illustrieren oder untermauern

Schritt 2: Schlussteil verfassen

Argumente zusammenfassen

Fazit in zwei bis drei Sätzen formulieren

eigene Wertungen abgeben

neue Fragen aufwerfen

Schritt 3: Einleitung verfassen

aktuelles Geschehen in Wissenschaft oder Gesellschaft als Aufhänger verwenden

Leitfrage formulieren

Ausblick auf zentrale Thesen geben

zentrale Begriffe erklären

Kommentar zur vorgeschlagenen Reihenfolge: Meist ist es einfacher, die Überlegungen für den Hauptteil zu notieren und erst danach Schluss und Einleitung.

b

Textsorten-Steckbrief: Essay	
Sprache und Stil	Eher journalistische als wissenschaftliche Textsorte, daher Sprache und Stil näher an Umgangssprache als an Wissenschaftssprache.
Seitenumfang	Keine einheitliche Vorgabe, Dozent_in gibt den Seitenumfang vor.
Aufbau	Fließtext mit Hauptüberschrift und Absätzen, ohne Teilüberschriften.
Umgang mit Sekundärliteratur	Hat geringeren Stellenwert als bei anderen studentischen Textsorten, z. B. der Seminararbeit, weil es im Essay mehr um das Formulieren eines eigenen Standpunktes geht und weniger um die Darstellung des aktuellen Forschungsstandes zu einer ausgewählten Frage.
Umgang mit Zitaten	Quellenangaben ausschließlich bei direkten Zitaten im Text, sämtliche verwendete Literatur im Verzeichnis dokumentieren.

TABUFRAGE

Es ist ein Irrtum, dass die Studienberatung an Hochschulen nur für deutsche Studierende zuständig ist, sie kümmert sich genauso um die Anliegen der internationalen Studierenden. Vermutlich werden Sie bei der Studienberatung tatsächlich nicht erfahren, wie Sie eine Seminararbeit schreiben. Stattdessen werden Sie die Mitarbeiter_innen der Studienberatung auf andere Beratungsangebote hinweisen, z. B. auf ein Schreiblabor, wie es an manchen Hochschulen existiert. Außerdem können Sie davon ausgehen, dass auch Studierende, die in der Bundesrepublik Deutschland zur Schule gegangen sind, nicht alle geübt im Schreiben von Seminararbeiten sind. Sie sind häufig genauso unsicher wie internationale Studierende auch.

TEST

1 b ☒, c ☒
2 a ☒, b ☒
3 a ☒, c ☒

KOPIERVORLAGE TEXTSORTEN-STECKBRIEFE

Textsorten-Steckbrief: Klausur

Funktionen	Prüfung zum Verständnis des Lehrstoffes. Erfolgreich bestandene Klausur gilt als Leistungsnachweis und ist häufig die Voraussetzung für das Bestehen eines Moduls.
Durchführung	Festgelegter Prüfungstag für alle. Keine Hilfsmittel. Meist Präsenz erforderlich. An einigen Hochschulen: Klausuren im virtuellen Prüfungsraum absolvieren. In einigen Fächern: Übungsklausuren schreiben.
Adressaten	Dozent_in der jeweiligen Lehrveranstaltung (Seminar oder Vorlesung).
Sprache und Stil	Sachlicher, neutraler Stil. Etwas näher an Umgangssprache als andere studentische Textsorten, wegen freien Schreibens in vorgegebener Zeit.
Aufbau	Klare Gliederung und stringente Argumentation.
Sekundärliteratur	Ist für Vorbereitung, nicht aber für Schreiben von Klausuren relevant. Hilfsmittel sind beim Schreiben von Klausuren nicht zugelassen.
Zitate	Direkte Zitate für Schreiben von Klausuren nicht relevant. Hilfsmittel sind beim Schreiben von Klausuren nicht zugelassen. Hierzulande ist es (?) unüblich, Zitate auswendig zu lernen.

Textsorten-Steckbrief: Essay

Sprache und Stil	Eher journalistische als wissenschaftliche Textsorte, daher Sprache und Stil näher an Umgangssprache als an Wissenschaftssprache.
Seitenumfang	Keine einheitliche Vorgabe, Dozent_in gibt den Seitenumfang vor.
Aufbau	Fließtext mit Hauptüberschrift und Absätzen, ohne Teilüberschriften.
Umgang mit Sekundärliteratur	Hat geringeren Stellenwert als bei anderen studentischen Textsorten, z.B. der Seminararbeit, weil es im Essay mehr um das Formulieren eines eigenen Standpunktes geht und weniger um die Darstellung des aktuellen Forschungsstandes zu einer ausgewählten Frage.
Umgang mit Zitaten	Quellenangaben ausschließlich bei direkten Zitaten im Text, sämtliche verwendete Literatur im Verzeichnis dokumentieren.

Textsorten-Steckbrief: Seminararbeit

Funktionen	Wichtigste studentische Textsorte, dient Einübung der Techniken des wissenschaftlichen Schreibens sowie Wissenserwerb zu spezifischer Frage.
Adressaten	Dozent_in des jeweiligen Pro- oder Hauptseminars.
Sprache und Stil	Sachlich und neutral.
Aufbau	3- bzw. 5-Schritt (❯ Kap. C, Argumentieren)
Seitenumfang	Hängt vom Fachbereich ab und davon, ob Bachelor- oder Masterstudium.
formale Anforderungen	Deckblatt mit Titel sowie weiteren Angaben; nummeriertes Inhaltsverzeichnis; Text mit Seitenzahlen; Literaturverzeichnis; Abbildungsverzeichnis (falls Abbildungen vorhanden sind); Erklärung zur Urheberschaft.
Umfang von Sekundärliteratur	Pro Textseite mind. 1–2 themenspezifische Quellen. Bei kürzeren Arbeiten (z.B. Seminararbeiten von 15 Seiten) orientiere man sich eher an der oberen Grenze (30 Quellen als angemessene Zahl), bei längeren Arbeiten (Masterarbeit von 60 Seiten) eher an der unteren Grenze (60 Quellen als angemessene Zahl). (vgl. Bänsch, A. / Alewell, D. 2013: 9)
Zitate	Korrekter Umgang mit Zitaten wesentliches Element dieser Textsorte.

Schreibprozess

Hintergrund

Kapitel E ist als Zusammenfassung von Band 2 konzipiert. Hier werden Aspekte aus den vorangegangenen Kapiteln nicht nur wiederholt, sondern auch systematisiert und damit auf die nächsthöhere Verständnisebene transportiert. Damit gehen eine Verdichtung des Lehrstoffes und eine Erhöhung des Komplexitätsgrades einher, sodass es sich empfiehlt, dieses Kapitel erst dann zu bearbeiten, wenn die Kursteilnehmenden eigene Texte auf einem angemessenen sprachlichen Niveau verfassen können. Die entsprechenden Übungen stellt neben Band 1 und Band 2 auch der ❷ Intensivtrainer bereit.

Den Kapiteln zum Schreiben, zur Textrevision und zum Feedback ist eine Doppelseite zur **Kulturabhängigkeit des Denkens** vorgeschaltet. Auf diese Weise gehen wir einmal mehr auf die interkulturelle Perspektive ein und sensibilisieren die Lernenden für die Tatsache, dass das Denken als wesentliche Voraussetzung des Schreibens nicht universell, sondern kulturell geprägt ist.

Unter der Kapitelüberschrift **Ins Schreiben kommen** rekapitulieren wir zunächst, was in Band 1 über Lesestrategien erarbeitet wurde. Zentral ist hier der Hinweis, möglichst frühzeitig mit dem Schreiben anzufangen und das Exzerpieren fremder Texte als Teil des eigenen Schreibprozesses zu praktizieren. Dann führen wir mit dem Schreibdenken, dem Mindmapping und dem Paragraphing drei Techniken ein, die den eigenen Schreibfluss befördern sollen. Häufig steht die Mühe im Mittelpunkt, die Studierende mit dem Schreiben eigener Texte haben. Indem wir den *flow* thematisieren, wechseln wir die Perspektive und verdeutlichen die freudvollen Aspekte des Schreibens. Mit Hinweisen zur Zeitorganisation endet dieses Kapitel.

Das Kapitel **Von fremden zu eigenen Texten** enthält eine entsprechende Arbeitsanweisung. Ziel ist es, jenen Studierenden eine Hilfestellung zu geben, die ihre Schreibprobleme ähnlich wie der koreanische Student, dem wir auf der Auftaktseite begegnet sind, charakterisieren würden. Geübt wird mit Textauszügen aus unbearbeiteten Originalquellen.

Dem Kapitel **Schreiben in der Fremdsprache** liegt die Annahme zugrunde, dass sich die Lernenden ihre Muttersprache sowie ihre Fremdsprache(n) zunutze machen können, indem sie in den verschiedenen Arbeitsphasen je nach Anforderung mal auf die eine, mal auf die andere Sprache zurückgreifen. Voraussetzung dafür ist, sich die eigene Schreibpraxis bewusst zu machen. Damit beginnt das Kapitel. Ebenso sollen die Studierenden dafür sensibilisiert werden, dass beim Schreiben in der Fremdsprache oft auch unbewusst Übertragungen aus der Muttersprache / einer weiteren Fremdsprache stattfinden. Fehler, die daraus resultieren können, werden in diesem Kapitel thematisiert. Dieser Einheit liegen authentische Texte internationaler Studierender und Promovierender zugrunde. Auf dieser Basis erarbeiteten wir die Systematisierung möglicher Fehler. Informationscharakter hat die Sequenz zu Übersetzungsprogrammen. Die Aufgaben zu Stilblüten und „schönen" Fehlern dienen der Auflockerung.

Bei der **Textrevision** beschränken wir uns auf die stilistische Ebene, die Wortebene und die argumentative Ebene, wobei wir bei letzterer Ebene auch die Metakommunikation betrachten, weil diese einen wesentlichen Einfluss darauf hat, ob Texte als typisch wahrgenommen werden. Mit Hilfe von korrekturbedürftigen Formulierungen, die wir authentischen Texten von Studierenden entnommen haben, sollen die Lernenden für eine typische Metakommunikation und Argumentation sensibilisiert werden.

Den Abschluss des Kapitels bilden Ausführungen und Aufgaben zum **Feedback einholen**. Zunächst werden die Grundregeln für ein gelungenes Feedback eingeführt. Dann wird ein Feedback-Instrument vorgestellt, das die Lernerfolge internationaler Studierender auf der sprachlichen Ebene befördern soll. Dieses Instrument ist ein Konzentrat sämtlicher Aspekte, die in den Bänden 1 und 2 eingeführt und geübt worden sind. Unser Anspruch war, das Instrument auch und vor allem für das Gros jener Dozent_innen handhabbar zu machen, die über kein spezifisches Wissen über Deutsch als Wissenschaftssprache verfügen, sondern die ihren jeweiligen Fachbereich repräsentieren. Daher gehört zu dem Feedback-Instrument ein Beispieltext.

Auftaktseite

Die Auftaktseite nimmt die authentischen Aussagen eines koreanischen Studenten als Redeanlass, weil er prägnant formuliert, mit welchen Schwierigkeiten Studierende konfrontiert sein können, wenn sie den Schritt vom Lesen zum Schreiben vollziehen. Dieses Thema haben wir bereits in Band 1, Kapitel D behandelt, dort allerdings auf das Verfassen von Exzerpten und Zusammenfassungen begrenzt.

Kulturabhängigkeit des Denkens

Bevor wir uns dem Schreiben zuwenden, betrachten wir einen spannenden, lange Zeit wenig beachteten Aspekt des Denkens: dessen kulturelle Prägung. Mittlerweile weiß man aufgrund psychologischer Experimente um die kulturelle Prägung des Denkens. Mit der Doppelseite zu Sprache und Denken können wir lediglich eine Annäherung an diese Problematik leisten. Uns geht es darum, die Kursteilnehmenden dafür zu sensibilisieren, dass auch ihr Denken einem kulturellen Skript (❷ Band 1, Kap. A) folgt. Die kulturelle Prägung des Denkens wird in der Regel nicht bewusst; die eigene Denkweise erscheint als selbstverständlich und alternativlos. Noch gibt es sehr wenige Studien zur Kulturabhängigkeit von Rationalität bzw. zum Pluralismus von Rationalität. Auch die Frage, wie Rationalität im Zuge der Wissensproduktion in Fachdisziplinen konstruiert wird, ist ein Desiderat. Umso wichtiger erscheint uns der Aufsatz von Wolfgang Wegner (2013), der uns sehr plastisch vor Augen führt, warum es didaktisch so anspruchsvoll ist, chinesischen Deutschlerner_innen die für die deutsche Wissenschaftssprache typischen Argumentationsformen zu vermitteln.
Wenn Sie auf mehr Studien eingehen wollen, als im Lehrbuch referiert werden, liefert Ihnen Ulrich Kühnen (2003) weiterführende Informationen. Er stellt in komprimierter Form die Forschungsergebnisse mehrerer kulturvergleichender Studien zum Denken vor, die zu sehr eindrücklichen und verblüffenden Ergebnissen gekommen sind.

❷ **Zitierte und weiterführende Literatur:**

Kühnen, Ulrich (2003): Denken auf Asiatisch. In: *Gehirn & Geist*, 3, S.10–15. Abrufbar unter: *www.spektrum.de/pdf/gug-03-03-s010-pdf/835440?file*.

Wegner, Wolfgang (2013): Über die Schwierigkeiten chinesischer Deutschlerner beim Schreiben wissenschaftlicher Texte: Analyse und didaktische Konsequenzen. Abrufbar unter: *www.wissenschaftssprache.de/Texte/IDT_2013/Wegner_IDT_2013.pdf*.

1 Zusammenhang zwischen Kultur, Sprache und Denken

a **Formulierungsvorschlag:** Der Zusammenhang zwischen Kultur, Sprache und Denken wurde mit einem vergleichenden Experiment nachgewiesen, für das ein- sowie zweisprachigen Versuchspersonen (Deutsch, Englisch) kurze Videos gezeigt wurden. Anschließend sollten die Versuchspersonen das Gesehene beschreiben. In der Verwendung der sprachlichen Mittel zeigen sich deutliche Unterschiede, woraus das Forschungsteam schloss, dass Denken nicht universell, sondern sprachabhängig ist.

c Die von Wolfgang Wegner beschriebene Beobachtung könnte bedeuten, dass chinesische Wissenschaftler_innen immer nach einem bestimmten, gleichen Schema an Probleme herangehen. Das könnte in der Art und Weise begründet sein, wie sie gewohnt sind zu denken, sich Problemen zu nähern und diese zu lösen. Diese Denktradition wird in Aufgabe d beschrieben.

d Wenn das gilt, was Kühnen beschreibt, funktioniert das wissenschaftliche Arbeiten in verschiedenen Teilen der Welt unterschiedlich. Der Anspruch, Widersprüche zu beseitigen, wird zu anderen Forschungsergebnissen führen als der Anspruch, Widersprüche bestehen zu lassen.

Ins Schreiben kommen

1 Rekapitulation Lesen

In **Aufgabe 1a** greifen wir noch einmal auf, was bereits in Band 1, Kapitel D erarbeitet wurde. Bei dieser Aufgabe sollen die Teilnehmenden mithilfe des Fragebogens noch einmal überlegen, inwieweit sie das Lesen tatsächlich schon als Vorbereitung auf das Schreiben sehen oder ob es da noch Verbesserungsbedarf gibt. **Aufgabe 1b** soll dazu anregen, weitere Möglichkeiten, das Lesen als Vorbereitung auf das Schreiben zu sehen, zu besprechen. So können auch informelle Strategien der Studierenden zur Sprache gebracht werden.

2 Schreibdenken

Mit den **Aufgaben 2a bis 2e** sowie dem Info-Kasten wollen wir die Kursteilnehmenden von dem Selbstanspruch entlasten, dass nur fertig Gedachtes zu Papier gebracht werden darf, indem wir ihnen verdeutlichen, dass selbst erfahrene Wissenschaftler_innen nicht so arbeiten. Wir wollen die Kursteilnehmenden zum freien und assoziativen Schreiben ermutigen. Sie sollten bereits zu Beginn ihres Studiums die Erfahrung machen, dass die „allmähliche Verfertigung der Gedanken" beim Schreiben sehr produktiv ist. Die zitierte Formulierung stammt aus einem berühmten Brief, den Heinrich von Kleist an Otto August Rühle von Lilienstern schrieb (Erstdruck 1878), wobei Kleist zwar nicht das Schreibdenken, sondern das Sprechdenken im Blick hatte, das Prinzip sich aber hervorragend übertragen lässt: „Wie kann ich wissen, was ich in mir trage, bevor ich es [nicht] aufgeschrieben und ausgearbeitet habe?" (Raible 2004: 24)
Für die Schreibdidaktik an bundesdeutschen Hochschulen hat Ulrike Scheuermann (2013) ein Buch mit zahlreichen Übungsvorschlägen vorgelegt. Inspirierend ist auch das in diesem Band enthaltene Interview darüber, wie wissenschaftliches Schreiben an US-amerikanischen Hochschulen gelehrt wird (ebd. 34–38).

a Ins Schwarze treffen bedeutet, erfolgreich zum Kern einer Sache vorzudringen. / Ins Blaue hinein reden bedeutet, nicht genau zu wissen, was man sagen möchte und einfach mal loszusprechen. / Rotsehen bedeutet, wütend zu werden.

b **Formulierungsvorschläge:** Wenn ich ins Schwarze treffen will, rede ich eine Stunde ins Blaue hinein und dann sehe ich rot. / Ins Blaue hinein reden, könnte dazu führen, ins Schwarze zu treffen – oder aber rotzusehen. / Rotsehen, ins Blaue hinein reden, ins Schwarze treffen, das ist eine lustige Farbenlehre.

3 Mindmapping

Die Arbeitstechnik des Mindmappings erleichtert es, Ideen zu strukturieren und zu Themen zu bündeln. Anhand eines Beispiels, das sich auf die vorstehende Technik des Schreibdenkens bezieht, zeigen wir, wie es geht. Wichtig ist es, dass die Studierenden diese Technik selbst ausprobieren und so erfahren, wie einfach und gleichzeitig hilfreich sie ist. **Aufgabe 3a und b** leiten dazu an.

4 Paragraphing

Diese in Deutschland recht wenig bekannte Schreibtechnik (auch Konzept der Absatzstruktur genannt) kann gerade für Nicht-Muttersprachler_innen eine erhebliche Hilfe sein, um ins Schreiben zu finden. Durch diese Technik wird sich zunächst auf den Inhalt konzentriert, etwas, das Nicht-Muttersprachler_innen oft vernachlässigen, da diese sich oft nur auf die Sprache konzentrieren.

Wir zeigen anhand eines Beispiels, wie diese Technik funktioniert, die **Aufgaben a und b** regen dazu an, diese Schreibtechnik selbst auszuprobieren und zu besprechen.

5 Flow

Die Belohnung, die in den vorgestellten Techniken, ins Schreiben zu kommen, angelegt ist, kann ein *flow*-Zustand sein. Den *flow* thematisieren wir in den **Aufgaben 5a bis 5c**, weil die Arbeiten von Mihaly Csikszentmihalyi (1997) zur Kreativität inzwischen Allgemeingut geworden sind und sich, wie wir aus unserer Beratungspraxis wissen, einige Studierende unter Druck setzen, indem sie den Anspruch an sich selbst formulieren, beim Schreiben immer geistige Höhenflüge zu erleben. Insbesondere **Aufgabe 5c** dient der Relativierung dieses Anspruchs.

a 1 Der Begriff *flow* wurde innerhalb der Psychologie geprägt.
2 Laut Csikszentmihalyi vereinigen sich im *flow* Spontanität und Mühelosigkeit mit Konzentration.
3 Selbstvergessenheit bedeutet, dass alles andere, mit dem man im Moment nicht beschäftigt ist, unwichtig ist. Außerdem bedeutet Selbstvergessenheit, dass man von Augenblick zu Augenblick existiert und sich weder in der Vergangenheit noch in der Zukunft aufhält.
4 Nach Csikszentmihalyi stellt sich der Zustand des *flow* ein, wenn wir etwas nicht deshalb tun, weil wir es tun müssen, sondern weil wir es tun wollen; wenn wir den Aufgaben gewachsen sind; wenn es keine äußerlichen oder innerlichen Einflüsse gibt, die stören.
5 Ja, Csikszentmihalyi beschreibt den Zustand des *flow als* erstrebenswert.

c Ein *flow*-Zustand lässt sich nicht erzwingen, aber herbeilocken. Er verdankt sich einem glücklichen Zufall, nämlich dem Zusammentreffen mehrerer günstiger Faktoren, auf die man z.T. Einfluss nehmen kann. Ein Gleichgewicht zwischen Aufgaben und Fähigkeiten herzustellen, ist möglich, indem man sich weder unter- noch überfordert. Dass sich keine Versagensängste einstellen, kann daraus resultieren. In der Entscheidung jeder_s Einzelnen liegt auch, eine Tätigkeit um ihrer selbst willen zu tun. Selbstvergessenheit sowie die Aufhebung des Zeitgefühls resultieren dann wohl eher aus den genannten Faktoren. Es ist nicht möglich, sich vorzunehmen, selbstvergessen in der Arbeit zu versinken und die Zeit zu vergessen. Hingegen kann jede_r Einzelne dafür sorgen, konzentriert arbeiten zu können. Störende Einflüsse von außen müssen abgeschaltet werden.

6 Zeitplanung und Schreibort

Oft ist es den Studierenden nicht klar, dass man das Schreiben auch ganz professionell planen kann. Wie das geht, sollen der Fragebogen und der Tipp aufzeigen. Gemeinsam können die Studierenden besprechen, was sich verbessern lässt. Auch ein Erfahrungsaustausch über das eigene Schreiben ist oft sehr anregend. Uns geht es hier um eine Bewusstmachung darüber, dass man das Schreiben durchaus sehr gut planen kann und nicht alles „auf den letzten Drücker" erledigen muss.

➔ Zitierte und weiterführende Literatur:

Boeglin, Martha (2007): Wissenschaftlich arbeiten Schritt für Schritt. Gelassen und effektiv studieren. München: Wilhelm Fink Verlag.

Csikszentmihalyi, Mihaly (1997): Kreativität. Wie Sie das Unmögliche schaffen und Ihre Grenzen überwinden. Stuttgart: Klett-Cotta.

Heinrich von Kleist (1999): Über die allmähliche Verfertigung der Gedanken beim Reden. Frankfurt a. M.: Dielmann.

Raible, Wolfgang (2004): Über das Entstehen der Gedanken beim Schreiben. In: Sybille Krämer (Hg.). Performativität und Medialität. München: Wilhelm Fink Verlag, 191–214. Abrufbar unter: http://www.romanistik.uni-freiburg.de/raible/Publikationen/Files/Raible_Berlin.pdf.

Scheuermann, Ulrike (2013): Schreibdenken. Schreiben als Denk- und Lernwerkzeug nutzen und vermitteln. Opladen und Toronto: Verlag Barbara Budrich, 2. Auflage.

Sommer, Roy (2006): Schreibkompetenzen. Erfolgreich wissenschaftlich schreiben. Stuttgart: Klett Lernen und Wissen.

Von fremden zu eigenen Texten

In den **Aufgaben 1a bis 7a** werden Inhalte aus verschiedenen Kapiteln aus Band 1 sowie aus Band 2 zusammengeführt. Die Methode ‚Vom Lesen zum Schreiben' reduziert den akademischen Lese- und Schreibvorgang auf seine elementaren Arbeitsschritte und bringt diese in eine sinnvolle Reihenfolge. Sie trägt zudem den fünf zentralen Bewertungskriterien studentischer Texte Rechnung: Eine forschungsleitende Frage muss formuliert und beantwortet werden; relevante Forschungsliteratur muss ausgewählt und gelesen werden; die Literatur muss korrekt zitiert und paraphrasiert werden; die in der Literatur vertretenen Positionen müssen aufeinander bezogen werden (was über den Vergleich gelöst wird); der eigene Text muss über eine argumentative Struktur verfügen. In dieser Methode wird der eigene Schreibprozess in zwei Schritte unterteilt: Stichpunkte aufschreiben und aus diesen Stichpunkten ganze Sätze formulieren. Die Lernenden erproben die Methode anhand von drei Übungstexten.

Auf den Abschluss-Seiten von Kapitel E findet sich eine Kopiervorlage für ein Schema, mit dem wir die eingeübten Arbeitsschritte noch einmal verdeutlichen. Die römischen Ziffern I bis V stehen für die eigenen Texte, die verfertigt werden. Auf diese Weise wollen wir den Kursteilnehmenden verdeutlichen, dass sie bereits zu einem frühen Zeitpunkt schreiben. Viele vergessen, dass sie bereits viel geschrieben haben, bevor sie sich an den Entwurf ihrer Arbeit machen, sodass sich die Anforderung zu schreiben als Drohkulisse aufbauen kann. Hier wollen wir Entlastung durch einen Perspektivenwechsel bewirken.

2 **Texte auswählen und Leseabsicht formulieren**

a Leseabsicht: Die in den Textausschnitten formulierten Positionen beschreiben und miteinander vergleichen, dabei den Fokus auf die Unterschiede richten, um die Gegensätzlichkeit der Positionen herauszuarbeiten.

3 **Exzerpieren**

a + b

Eliten in Deutschland. Rekrutierungswege und Karrierepfade
Michael Hartmann (2004)

Originaltext mit zentralen Aussagen und direktem Zitat	Stichpunkte zu zentralen Aussagen
Die deutschen Eliten sind männlich. *(= Die einzige zentrale Aussage, die als direktes Zitat übernommen werden sollte. Alle anderen zentralen Aussagen sollten paraphrasiert werden, weil sie nicht so prägnant sind, dass sie direkt zitiert werden sollten.)*	Zusammenhang zwischen Zugehörigkeit zu deutschen Eliten und Geschlechtszugehörigkeit
Diese Feststellung trifft im Wesentlichen auch heute noch zu. Zwar hat sich der Anteil der Frauen in Elitepositionen im Verlauf der vergangenen zwei Jahrzehnte deutlich erhöht, allein zwischen 1981 und 1995 von drei auf dreizehn Prozent. Von einer auch nur halbwegs proportionalen Vertretung der Geschlechter kann aber keine Rede sein. Außerdem beschränkt sich der Zuwachs fast ausschließlich auf die Politik und auf von ihr stark beeinflusste Sektoren. Dort haben gezielte Quotenregelungen Wirkung gezeigt. In den Topetagen der Wirtschaft sucht man Frauen dagegen nach wie vor vergeblich. Generalisierend lässt sich festhalten:	–
Die geschlechtsspezifische Diskriminierung geht in der Regel mit einer sozialen Diskriminierung Hand in Hand.	Wesentlicher Faktor neben Geschlechtszugehörigkeit: soziale Herkunft
Dort, wo die Aufstiegschancen für Personen aus der Arbeiterklasse oder den breiten Mittelschichten überdurchschnittlich gut sind, sind sie es zumeist auch für die Frauen – und umgekehrt. [...] Unter professionellen Beobachterinnen und Beobachtern ist unumstritten, dass die deutschen Eliten ganz überproportional aus den Reihen des Bürgertums stammen. Weitgehend einig ist man sich auch in der Einschätzung, dass – wenn man einmal von den Gewerkschaften absieht –	–

die politische Elite sozial am durchlässigsten und die Wirtschaftselite am geschlossensten ist.	Unterschiedliche Eliten sind unterschiedlich durchlässig hinsichtlich Geschlechtszugehörigkeit und sozialer Herkunft
Über den Umfang der sozialen Öffnung bzw. Schließung gibt es allerdings in der wissenschaftlichen Forschung größere Differenzen. In den Elitestudien aus Mannheim und Potsdam wird nicht nur generell ein höheres Maß an sozialer Durchlässigkeit festgestellt als in den Arbeiten von Ralf Dahrendorf, Wolfgang Zapf oder des Verfassers. Es wird im Unterschied zu diesen auch **eine im Zeitverlauf deutlich voranschreitende Öffnung der Elitepositionen** konstatiert. […] (S.17)	Elitenforschung uneins über Öffnung der Eliten Denkschule 1 (= Lehrstühle an den Universitäten Mannheim und Potsdam): positive Einschätzung der sozialen Durchlässigkeit. Denkschule 2 (Dahrendorf u.a.): negativere Einschätzung. Denkschule 1: stellt deutlichere Öffnung der Eliten als Denkschule 2 fest

Eine neue deutsche Oberschicht. Notizen über die Eliten der Bundesrepublik
Ralf Dahrendorf (1962)

Originaltext mit zentraler Aussage und direkten Zitaten	Stichpunkte zur zentralen Aussage
[…] Das eindeutigste Merkmal deutscher Eliten ist, dass diese sich zum größeren Teil selbst aus einer schmalen Oberschicht und zum geringeren Teil aus den Kadern der nichtakademischen Beamtenschaft rekrutieren, während der **Sohn eines Industriearbeiters**, aber auch des selbständigen **Handwerkers** und kleinen **Geschäftsmannes** wenig Aussicht hat, bis an die Spitze der deutschen Gesellschaft vorzudringen. […] (S.21) *(Die fettgedruckten Nomen sollten als direkte Zitate übernommen werden, weil sich damit verdeutlichen lässt, dass der Autor in seiner Analyse Frauen nicht berücksichtigt.)*	Relevanz der sozialen Herkunft

Deutschlands Eliten zwischen Kontinuität und Wandel. Empirische Befunde zu Rekrutierungs-
wegen, Karrierepfaden und Kommunikationsmustern
Viktoria Kaina (2004)

Originaltext mit zentralen Aussagen und direkten Zitaten	Stichpunkte zu zentralen Aussagen
[...] Der **friedliche und freie Wettbewerb unterschiedlicher Füh-rungsgruppen** – etwa aus Politik, Verwaltung, Wirtschaft, Interessen-organisationen und Massenmedien – **um Macht und Einfluss** bildet somit	Prämisse: Eliten stehen im Wettbewerb, dieser ist geprägt von Chancen-gleichheit
die zentrale Annahme des **pluralistischen Paradigmas** der modernen, empirisch orientierten Elitenforschung.	theoretischer Ansatz: „pluralistische[s] Paradigma"
Vor allem politikwissenschaftliche Forschungsbeiträge über die Füh-rungsschicht der Bundesrepublik basieren auf diesem theoretischen Zugang, der wesentlich von **modernisierungstheoretischen Einsich-ten** inspiriert wurde und auch den Ausgangspunkt des folgenden Bei-trages bildet.	theoretischer Ansatz: Modernisierungstheorie
Die Perspektive des Elitenpluralismus lag sowohl den Mannheimer Elitestudien von 1968, 1972 und 1981 als auch der Potsdamer Elite-studie von 1995 als forschungsleitendes Programm zu Grunde. Zu-gleich orientierte sich das Erkenntnisinteresse dieser groß angeleg-ten Befragungen der deutschen Positionseliten an drei zentralen Fragestellungen der klassischen und modernen Elitenforschung: 1. Welche Rekrutierungsmerkmale und Karrierewege kennzeichnen die Mitglieder der deutschen Führungsschicht? 2. Wie lassen sich die Kontakt- und Kommunikationsmuster zwischen den Eliten charak-terisieren? 3. In welchem Ausmaß teilen die deutschen Eliten demo-kratische Einstellungen und Wertorientierungen?	
Während sich hinter der ersten Frage insbesondere das **demokratie-theoretische Postulat** eines **allgemein offenen Zugangs zu Elite-positionen** verbirgt,	theoretischer Ansatz: Demokratietheorie Prämisse: Eliten sind für alle Gesellschaftsange-hörige gleichermaßen zugänglich
versprechen Erkenntnisse über das Kommunikationsverhalten und die Kontaktnetzwerke der Führungskräfte zum einen **Aufschluss über die Macht- und Einflussstruktur einer Gesellschaft.** Zum anderen geben sie Hinweise auf das **Kooperationspotenzial der Funktionseli-ten**, das als eine Voraussetzung für erfolgreiche Koordinations-und Aushandlungsprozesse auf Eliteebene betrachtet wird. [...] (S. 9)	Gegenstände der Eliten-forschung: „Macht- und Einflussstruktur einer Gesellschaft" sowie „Kooperationspotenzial der Funktionseliten"
(Die fett gedruckten Wörter und Wortgruppen sind die zentralen Aus-sagen und zugleich die direkten Zitate.)	

c

Eliten in Deutschland. Rekrutierungswege und Karrierepfade
Michael Hartmann (2004)

Laut Hartmann (2004) besteht ein Zusammenhang zwischen der Zugehörigkeit zu den deutschen Eliten und der Geschlechtszugehörigkeit: „Die deutschen Eliten sind männlich." (ebd.: 17) Neben der Geschlechtszugehörigkeit ist, so Hartmann, die soziale Herkunft ein wesentlicher Faktor. Die unterschiedlichen Eliten seien unterschiedlich durchlässig hinsichtlich der Geschlechtszugehörigkeit und der sozialen Herkunft. Innerhalb der Elitenforschung herrsche keine Einigkeit darüber, inwieweit sich die Eliten geöffnet hätten bzw. öffneten. Die eine Denkschule (Lehrstühle an den Universitäten Mannheim und Potsdam) schätze die soziale Durchlässigkeit der Eliten grundsätzlich positiver ein als die andere Denkschule (Dahrendorf u.a.). Zudem stelle die eine Denkschule eine deutlichere Öffnung als die andere Denkschule fest.

Eine neue deutsche Oberschicht. Notizen über die Eliten der Bundesrepublik
Ralf Dahrendorf (1962)

Laut Dahrendorf (1962) ist die soziale Herkunft relevant für die Frage, ob eine Person den Eliten zugehört oder nicht. Im Fokus seiner Ausführungen stehen die männlichen Angehörigen verschiedener sozialer Gruppen, z. B. der „Sohn eines Industriearbeiters", eines „Handwerkers" oder eines „Geschäftsmannes" (ebd.: 21).

Deutschlands Eliten zwischen Kontinuität und Wandel. Empirische Befunde zu Rekrutierungswegen, Karrierepfaden und Kommunikationsmustern
Viktoria Kaina (2004)

Die Prämisse der Studie von Kaina (2004) ist, dass Eliten im Wettbewerb stehen und dass dieser geprägt ist von Chancengleichheit. Kaina geht davon aus, dass die Eliten für alle Gesellschaftsangehörigen gleichermaßen zugänglich sind. Ihr theoretischer Ansatz basiert auf dem „pluralistischen Paradigma" (ebd.: 9) sowie auf der Modernisierungs- und der Demokratietheorie (ebd.: 9). Die Gegenstände der Elitenforschung sind, so Kaina, die „Macht- und Einflussstruktur einer Gesellschaft" sowie das „Kooperationspotenzial der Funktionseliten" (ebd.: 9).

4 **Gemeinsamkeiten zwischen zentralen Aussagen in den gelesenen Texten finden**

a
- Hartmann (2004) + Dahrendorf (1962) = dieselbe Denkschule.
- Beide betonen Relevanz sozialer Herkunft.

b Hartmann (2004) entstammt derselben Denkschule wie Dahrendorf (1962). Hartmann bezieht sich positiv auf Dahrendorf (ebd.: 17). Wie dieser betont Hartmann die Relevanz der sozialen Herkunft für die Zugehörigkeit zu den Eliten (ebd.: 17).

5 **Unterschiede zwischen zentralen Aussagen in den gelesenen Texten finden**

a
- Hartmann (2004) und Dahrendorf (1962) kommen zu anderen Forschungsergebnissen als Kaina (2004).
- Anders als Dahrendorf (1962) betont Hartmann (2004) neben der sozialen Herkunft die Relevanz der Geschlechtszugehörigkeit.
- Kaina (2004) betont den „allgemein offenen Zugang[…] zu Elitepositionen" (ebd.: 9)
- möglicher Grund für unterschiedliche Befunde: unterschiedliche Prämissen – *Arbeitsvermerk: Vermutung durch weitere Lektüre überprüfen!*

b Hartmann und Dahrendorf kommen zu anderen Forschungsergebnissen als Kaina. Aber auch zwischen Hartmann und Dahrendorf besteht ein Unterschied. Denn anders als Dahrendorf betont Hartmann (2004) neben der sozialen Herkunft die Relevanz der Geschlechtszugehörigkeit: „Die deutschen Eliten sind männlich." (ebd.: 17) Im Unterschied dazu betont Kaina (2004) grundsätzlich den „allgemein offenen Zugang[…] zu Elitepositionen" (ebd.: 9) und nimmt damit eine konträre Position zu Hartmann wie zu Dahrendorf ein, die derselben Denkschule angehören. Ein möglicher – noch zu überprüfender – Grund für die gegenläufigen Befunde könnte sein, dass die Forschenden von abweichenden Prämissen ausgehen.

6 **Eigene Texte zusammenführen und Satzzusammenhänge herstellen**

a Laut Dahrendorf (1962) ist die soziale Herkunft relevant für die Frage, ob eine Person den Eliten zugehört oder nicht. Im Fokus seiner Ausführungen stehen die männlichen Angehörigen verschiedener sozialer Gruppen, z. B. der „Sohn eines Industriearbeiters", eines „Handwerkers" oder eines „Geschäftsmannes" (ebd.: 21).

Auch Hartmann (2004) stellt die soziale Herkunft als wesentlichen Faktor heraus. Anders als Dahrendorf betont er jedoch zudem den Zusammenhang zwischen der Zugehörigkeit zu den deutschen Eliten und der Geschlechtszugehörigkeit: „Die deutschen Eliten sind männlich." (ebd.: 17) Darüber hinaus nimmt er eine Differenzierung nach Elitengruppen vor: Die unterschiedlichen Eliten seien unterschiedlich durchlässig hinsichtlich der Geschlechtszugehörigkeit und der sozialen Herkunft.

Hartmann verdeutlicht, dass es innerhalb der Elitenforschung auch andere Positionen als seine eigene gibt. So herrsche keine Einigkeit darüber, inwieweit sich die Eliten geöffnet hätten bzw. öffneten. Die eine Denkschule – Lehrstühle an den Universitäten Mannheim und Potsdam – schätze die soziale Durchlässigkeit der Eliten grundsätzlich positiver ein als seine eigene Denkschule. Zudem stelle die andere Denkschule eine deutlichere Öffnung als seine eigene fest.

Der bereits genannten Mannheimer und Potsdamer Denkschule gehört Kaina an. Deren Prämisse ist, dass Eliten im Wettbewerb stehen und dass dieser von Chancengleichheit geprägt ist. Im Unterschied zu Dahrendorf und Hartmann geht Kaina (2004) davon aus, dass die Eliten für alle Gesellschaftsangehörigen gleichermaßen zugänglich sind. Sie betont den „allgemein offenen Zugang[…] zu Elitepositionen" (ebd.: 9) und nimmt damit eine konträre Position zu Hartmann wie zu Dahrendorf, die derselben Denkschule angehören, ein.

Ein möglicher Grund für die gegenläufigen Befunde könnte sein, dass die Forschenden von abweichenden Prämissen ausgehen. Kainas theoretischer Ansatz basiert auf dem „pluralistischen Paradigma" (ebd.: 9) sowie auf der Modernisierungs- und der Demokratietheorie (ebd.: 9). Im Unterschied dazu sind Hartmann und Dahrendorf der Ungleichheitsforschung zuzuordnen.

7 **Zentrale Forschungsfrage beantworten**

a Abschließend soll die Frage beantwortet werden, welche konträren Positionen innerhalb der Elitenforschung in der Bundesrepublik Deutschland vertreten werden. Zu unterscheiden sind zwei Denkschulen. Die eine Denkschule, der u. a. die Soziologen Ralf Dahrendorf und Michael Hartmann angehören, betreibt die Elitenforschung als Ungleichheitsforschung. In dieser Denkschule wird die Relevanz sozialer Kategorien wie die Geschlechtszugehörigkeit und die soziale Herkunft betont.

Die andere Denkschule, der Soziologinnen und Soziologen von Lehrstühlen an den Universitäten Mannheim und Potsdam angehören, hat eine völlig andere Ausrichtung. Hier wird die Elitenforschung im Rahmen der Modernisierungs- und Demokratietheorie betrieben. Grundsätzlich wird in dieser Denkschule davon ausgegangen, dass alle Gesellschaftsangehörigen dieselbe Ausgangslage haben, um einer Elite anzugehören.

Schreiben in der Fremdsprache

Aufgabe 1a dient dem Bewusstwerden der Lernenden im Hinblick auf ihre Schreibpraxis, um ihnen in **Aufgabe 1b** die Vorteile und Nachteile ihrer Mehrsprachigkeit vor Augen zu führen, sodass sie sich über deren positive wie negative Folgen klar werden können. Bedauerlicherweise existieren zu diesem Thema bislang nur wenige Studien. Daher greifen wir in **Aufgabe 1c** zusätzlich auf zwei Publikationen zu Übersetzungsprozessen bei professionellen Übersetzer_innen zurück. In **Aufgabe 1d** sollen die Lernenden das in Aufgabe 1a begonnene Nachdenken über die eigene Schreibpraxis vertiefen.
Auch in **Aufgabe 2a** wird dieses Nachdenken fortgesetzt. Der **Info-Kasten** dient der Entlastung der Kursteilnehmenden, sie sollen auf einen fehlerfreundlichen Umgang mit ihren eigenen Texten eingestimmt werden. In der **Aufgabe 2b** können die Kursteilnehmenden sehen, wie komplex und verschiedenartig Übertragungsfehler sein können. Diese Aufgabe soll sie in Bezug auf das eigenen Schreiben sensibilisieren.
Für manche Kursteilnehmenden könnte der Gebrauch eines Übersetzungsprogramms ein Thema sein. Deshalb bieten wir mit **Aufgabe 3a** eine Sequenz dazu an.
Die Sequenz zu den Stilblüten mit **Aufgabe 4a** ruft die kreativen und spielerischen Aspekte des Schreibens in Erinnerung. Sie dient als humorvolle Auflockerung vor dem nächsten, sehr anspruchsvollen Kapitel.

1 Die eigene Schreibpraxis reflektieren

b **Vorschläge:** 1) L1 und L2 unterschiedliche Rollen beim Schreiben zuweisen. 2) Beim Überarbeiten die inhaltlich-strukturelle Ebene nicht vernachlässigen, insbesondere Metakommunikation und Argumentation in der für die deutsche Wissenschaftssprache typischen Art und Weise behandeln.

2 Fehler durch unbewusste Übertragungen

a Die Strategien der Fehlervermeidung sind davon abhängig, um welche Fehler es sich handelt. Am ehesten vermeidbar sind Fehler aus Unachtsamkeit. Sie lassen sich mit einem hohen Maß an Sorgfalt und Konzentration vermeiden. Regelmäßig Pausen einzulegen, reduziert die Fehlerquote. Unter Unreflektiertheit fallen alle Fehler, die dadurch zustande kommen, dass man über eine Sache grundsätzlich Bescheid weiß, aber dieses Wissen nicht einsetzt. Solche Fehler lassen sich am ehesten durch die Rückmeldung anderer erkennen und beheben. Fehler, die auf fehlendes Wissen zurückgehen, können nur durch fortlaufendes Lernen sowie durch die Rückmeldungen anderer behoben werden.

b	Textauszüge	Probleme
	1	Lexikalische Ebene (1, 2, 3)
	2	Morphologische-syntaktische Ebene (4)
	3	Lexikalische Ebene (5), Morphologisch-syntaktische Ebene (6)
	4	Lexikalische Ebene (7)
	5	Stilistische Ebene (8)
	6	Orthografische Ebene (9), Lexikalische Ebene (10)
	7	Typografische Ebene (11, 12)
	8	Argumentative Ebene (13)

3 Eine mögliche Hilfe: Übersetzungsprogramme

a ☒ b, ☒ d, ☒ g

4 Stilblüten und schöne Fehler

a Am Rande der Großstädte gibt es oft Schrebergärten. / Wenn meine Mutter große Wäsche machte, halfen wir ihr, legten die Wäsche in einen Korb und trugen sie auf den Speicher. / Die Erde war erst flüssig, dann erkaltete sie. / Säuren können ätzend wirken. / Der Tee schmeckte abscheulich (oder: scheußlich). / Er kuratiert Ausstellungen.

➜ **Zitierte und weiterführende Literatur:**

Even-Zohar, Itamar (2006): Verwendung von PROMT-Übersetzungsprogrammen für wissenschaftliche Arbeiten. Abzurufen unter: http://www.promt.de/translation_software/cases/pdf/g_using_promt_for_academic_work.pdf.

Friedlander, Alexander (1990): Composing in English: effects of a first language on writing in English as a second language. In: Kroll, Barbara (Hg.): Second Language Writing: Research insights for the classroom. Cambridge: Cambridge Universitiy Press, 109–125.

Grieshammer, Ella (2011): Der Schreibprozess beim wissenschaftlichen Schreiben in der Fremdsprache Deutsch und Möglichkeiten seiner Unterstützung (Reihe Beiträge zur Schreibzentrumsforschung, Schreibzentrum der Europa-Universität Viadrina, Band 3). Dissertation abrufbar unter: https://www.europa-uni.de/de/struktur/zsfl/institutionen/schreibzentrum/Publikationen/Schreiben_im_Zentrum/index.html.

Hansen, Gyde (2002): Selbstaufmerksamkeit im Übersetzungsprozess. Selbstaufmerksamkeit im Übersetzungsprozess. *Copenhagen Studies in Language* 27, 9–27.

Hentschelmann, Käthe (1999): Problembewusstes Übersetzen Französisch-Deutsch. Ein Arbeitsbuch. Tübingen: Narr.

Orosz, Réka (1999): Übersetzungsprobleme und Lösungsstrategien bei Übersetzungen vom Ungarischen ins Deutsche. Eine empirische Untersuchung von Übersetzungstexten ungarischer Studenten in der Deutschlehrerausbildung. Promotion an der Universität Passau. Zugriff: http://d-nb.info/961159464/34.

Silva, Tony (1993): Toward an Understanding of the Distinct Nature of L2 Writing. In: *TESOL Quarterly*, 27 (4). Washington, D.C.: Teachers of English to Speakers of Other Languages, 657–675.

Wang, Lurong (2003): Switching to first language among writers with differing second-language proficiency. In: *Journal of Second Language Writing*, 12 (4). Amsterdam u.a., 347–375.

Wang, Wenyu / Wen, Qiufang (2002): L1 use in the L2 composing process: An exploratory study of 16 Chinese EFL writers. In: *Journal of Second Language Writing*, 11. Amsterdam u.a., 225–246.

Woodall, Billy R. (2002): Language switching: Using the first language while writing in a second language. In: *Journal of Second Language Writing*, 11 (1). Amsterdam u.a., 7–28.

Zamel, Vivian (1982): Writing: The Process of Discovering Meaning. In: *TESOL Quarterly*, 16 (2). Washington, D.C.: Teachers of English to Speakers of Other Languages, 195–209.

Textrevision

Die Sequenz zu Stilistik, Sprache, Metakommunikation und Argumentation (**Aufgaben 2a bis 5b**) ist sehr kompakt und beschränkt sich auf wenige ausgewählte, in Texten von internationalen Studierenden und Promovierenden häufig vorkommende Fehler. Eine Vertiefung leistet der Intensivtrainer.

Die Arbeit an den authentischen Textbeispielen in **Aufgabe 6a** ist anspruchsvoll, wie wir aus unserer eigenen Unterrichtserfahrung wissen. Zugegebenermaßen braucht man eine Weile, um sich in die Beispiele hineinzudenken. Aber es lohnt sich; aus den Fehlern anderer ist für die eigenen Texte sehr viel zu lernen.

2 **Stilistik verbessern**

a **Text A:** [...] Für die empirische Untersuchung wird ein methodisches Verfahren genutzt, das in einem früheren Forschungsprojekt erfolgreich angewandt wurde, um Denk- und Wahrnehmungsmuster umfassend zu analysieren: die strukturale Interviewauswertung (Garcia 2013a, 2013b). Dieses Vorgehen, das auf den Methoden der literaturwissenschaftlichen und linguistischen Textanalyse (Barthes 1966; Greimas 1966; Niel 1973) fußt, arbeitet den sozialen Sinn eines Diskurses mit Hilfe der Analyse seiner semantischen Struktur heraus. Die Puzzle-Analogie (Piret / Nizet / Bourgeois 1996: 7) vermittelt einen ersten Eindruck von dieser Herangehensweise. [...]

→ Die Autorin führt als Fachbegriff ‚methodisches Verfahren' ein und variiert diesen Begriff mit ‚Vorgehen' und ‚Herangehensweise'. Korrekterweise müsste sie immer ‚methodisches Verfahren' verwenden.

Text B: In der folgenden Analyse werde ich mich des Begriffs der Segregation bedienen und diese auf die räumliche Trennung beschränken, entsprechend der Definition von Hoffmann-Nowotny (1982): „Unter Segregation versteht man das Ausmaß der ungleichen Verteilung von Bevölkerungsgruppen über städtische Teilgebiete." (ebd.: 265). [...] Die Betrachtung der Entmischung bedeutet, die schon vorgestellten Schritte durchzuführen. Aber vor allem ist es wichtig, das Phänomen der Ausgrenzung nicht aus unseren Ideen abzuleiten, sondern mit empirischen Untersuchungen zu einer Theorie zu gelangen.

→ Die Autorin führt als Fachbegriff ‚Segregation' ein und variiert diesen Begriff mit ‚Entmischung' und ‚Ausgrenzung'. Richtig ist aber die durchgehende Verwendung von ‚Segregation'.

3 Sprachfehler korrigieren

a 1 Mehrgliedrige Konjunktionen werden vermischt. → Einerseits ist das Buch sehr lesenswert, andererseits ist es sehr kompliziert geschrieben.

2 Die gängige deutsche Schreibweise wird nicht verwendet. → Die al-Qaida ist eine terroristische Vereinigung.

3 Zeitangaben sind uneinheitlich. → In Ostasien gab es bereits im 8. Jahrhundert gedruckte Werke. Der moderne Buchdruck mit auswechselbaren Lettern, der die flexible, relativ kostengünstige und schnelle Erstellung größerer Auflagen ermöglichte, wurde im 15. Jahrhundert von Johannes Gutenberg erfunden.

4 Ein Wort wird unnötigerweise gedoppelt. → Um die am Kaiserhof angesiedelte Elite zu beeindrucken, wurden zahlreiche Gegenstände aus Europa mitgebracht, darunter ein fünfzig Meter langes Gemälde, das von einem bestimmten Standpunkt aus gesehen wie ein Mann aussah. ODER: Um die am Kaiserhof angesiedelte Elite zu beeindrucken, wurden zahlreiche Gegenstände aus Europa mitgebracht, zum Beispiel ein fünfzig Meter langes Gemälde, das von einem bestimmten Standpunkt aus gesehen wie ein Mann aussah.

5 Gliederungselemente werden uneinheitlich verwendet. → Erstens halte ich diese Diskussion für längs überfällig. Zweitens will ich zu Bedenken geben, dass diese Diskussion mit allen Expertinnen und Experten geführt werden sollte. Drittens sollte nicht außer Acht gelassen werden, auch die Bürgerinnen und Bürger an der Diskussion zu beteiligen.

4 Metakommunikation typisch gestalten

a / b / c Grob gesagt ist Metakommunikation die Kommunikation über Kommunikation (Hirsch 2009: 17). Genauer gesagt findet Metakommunikation immer dann statt, wenn die Kommunikation selbst zum Thema gemacht wird. Speziell erleichtert sie den Lesenden die Orientierung in Texten. Das kann grundsätzlich mittels Sprachsignalen, und zwar Floskeln, Teilsätzen, ganzen Sätzen sowie Ober- und Unterbegriffen, und mittels grafischen Elementen, und zwar Satzzeichen, geschehen (ebd.: 34). Jede Wissenschaftssprache hat ihre Eigenheiten – auch hinsichtlich der Metakommunikation. Zudem ist die Metakommunikation von der Textsorte abhängig: In der deutschen Wissenschaftssprache ist sie in Lehrbüchern viel stärker ausgeprägt als in Dissertationen oder Fachartikeln. In den letztgenannten wissenschaftlichen Werken sind lediglich die Satzzeichen (v. a. Semikolon und Doppelpunkt) sowie Ober- und Unterbegriffe gebräuchlich (ebd.: 37). Das bedeutet: Nicht alle sprachlichen und grafischen Mittel der Metakommunikation sind gleichermaßen gebräuchlich, damit ist gemeint, dass es in jeder Wissenschaftssprache typische und untypische metakommunikative Mittel gibt. Es handelt sich bei den beschriebenen Merkmalen um Spezifika der deutschen Wissenschaftssprache oder mehr noch um Eigenheiten.

zentrale Aussagen (Aufgabe a)
Aussagen, die auf bereits Gesagtes verweisen (Aufgabe c)

d Auffällig ist, dass die hellgrau markierten Textteile (Wiederholungen) umfangreicher sind als die dunkelgrau markierten Textteile (zentrale Aussagen).

e In Ihrer Zusammenfassung sollten die folgenden Aspekte enthalten sein: In der deutschen Wissenschaftssprache gibt es spezifische Regeln für den Gebrauch metakommunikativer Elemente. Nur in Lehrbüchern sind jene Elemente „erlaubt", die einen didaktischen Charakter haben, die also der Verdeutlichung der Inhalte dienen, z.B. die Wiederholung von Aussagen in anderen Worten. In allen anderen wissenschaftlichen Werken gilt die Regel, sparsam mit den metakommunikativen Elementen umzugehen. Sonst steht schnell der Vorwurf im Raum, der Text sei redundant. Damit ist der Eindruck gemeint, dass die Verfasserin / der Verfasser beim Schreiben laut gedacht und den Text zu wenig überarbeitet hat.

f Vorschlag für eine überarbeitete Fassung: Metakommunikation findet immer dann statt, wenn die Kommunikation selbst zum Thema gemacht wird. Sie erleichtert den Lesenden die Orientierung in Texten. Das kann grundsätzlich mittels Sprachsignalen (Floskeln, Teilsätze, ganze Sätze sowie Ober- und Unterbegriffe) und mittels grafischen Elementen (Satzzeichen) geschehen. In der deutschen Wissenschaftssprache sind lediglich die Satzzeichen (v.a. Semikolon und Doppelpunkt) sowie Ober- und Unterbegriffe gebräuchlich. Von dieser Regel ausgenommen sind Lehrbücher.

5 Argumentation überprüfen

a Der Student versucht ‚Rationalismus' zu erklären, indem er den lateinischen Wortstamm ‚Ratio' ins Deutsche übersetzt. Im selben Absatz verwendet er das Adjektiv ‚rational'. Bei diesem Definitionsversuch belässt es der Autor. Die Endung *-ismus* verweist häufig auf eine Denkrichtung, diese musste der Autor in seiner Definition auf jeden Fall erwähnen.

b **Formulierungsvorschlag**: Öffnen sich männerdominierte Berufsgruppen für Frauen, können grundsätzlich drei Trends eintreten: *Verweiblichung* [...], *Neutralisierung* [...], *Geschlechtertrennung* [...]. Um dieses Gedankenexperiment einer Realitätsprüfung zu unterziehen, recherchierte ich nach entsprechenden empirischen Studien. Dabei stellte ich eine Forschungslücke fest, die ich mit meiner eigenen Untersuchung füllen werde.

6 Übungen zur Textrevision

Beispiel 2
Fehlerformen:
Untypische Metakommunikation.
Untypische Metakommunikation.
Argumentationsfehler.

Markierung der Fehler: <u>Grob gesagt</u> beschäftige ich mich in meiner Arbeit mit der Sicherungsverwahrung. Dabei liegt der Fokus auf dem historischen Wandel, dem die Sicherungsverwahrung unterworfen ist. <u>In dieser Hinsicht</u> bieten die Gesetze und die entsprechenden Durchführungsverordnungen <u>eine solide Basis</u> an.

1. Floskel
2. Floskel
3. Bemerkung ist überflüssig

Fehlerformen	Korrekturen
Untypische Metakommunikation	Ersatzlos streichen.
Untypische Metakommunikation	Ersatzlos streichen.
Argumentationsfehler	Die Quellen lediglich benennen, die für die Arbeit analysiert wurden.

Beispiel 3

Fehlerformen:

1. Lexikalischer Fehler
2. untypische Metakommunikation
3. Argumentationsfehler
4. Argumentationsfehler
5. Stilistischer Fehler

Markierung der Fehler: In meiner Masterarbeit berücksichtige ich die deutschen und die französischen Neuentwicklungen zusammen. Anders gesagt untersuche ich die Rolle der von C. J. Bennett genannten *elite networking, harmonization* und *penetration* und lege den Fokus auf die grenzüberschreitende Zirkulation von Rechtsnormen.

1. kann so nicht formuliert werden
2. Floskel
3. Quellenangabe fehlt
4. Begriffe sind nicht gleichrangig, sondern hierarchisch
5. Begriffe müssen ins Deutsche übertragen werden

Fehlerformen	Korrekturen
Lexikalischer Fehler	Nominalisierung verwenden.
Untypische Metakommunikation	Floskel streichen.
Argumentationsfehler	Zitierte Quelle benennen.
Argumentationsfehler	Die Fachbegriffe hierarchisieren.
Stilistischer Fehler	Die Fachbegriffe in deutscher Terminologie verwenden.

Beispiel 4

Fehlerformen:

1. Untypische Metakommunikation
2. Argumentationsfehler
3. Argumentationsfehler

Markierung der Fehler: Im Jahr 2013 brachten in Frankreich Senatoren einen Gesetzesentwurf zur Abschaffung der Sicherheitsverwahrung ein, der zu Kontroversen führen könnte. Bislang wurde der Gesetzesentwurf noch nicht im Parlament diskutiert. Dagegen sind die Kontroversen über die Sicherungsverwahrung in der Bundesrepublik Deutschland hochaktuell.

1. Reihenfolge der Ereignisse stimmt nicht.
2. Spekulation, unwissenschaftlich
3. Falscher Konnektor

Fehlerformen	Korrekturen
Untypische Metakommunikation	Die Aussagen der ersten beiden Sätze chronologisch sortieren.
Argumentationsfehler	Die Einschätzung, in Frankreich würde es zu einer Kontroverse kommen, begründen.
Argumentationsfehler	Den korrekten Konnektor einsetzen.

➜ **Zitierte und weiterführende Literatur:**

Spielmann, Daniel (2011): Schreibprobleme internationaler Studierender in der Schreibberatung In: Berning, Johannes (2011): Textwissen und Schreibbewusstsein. Münster: LIT, 317–334.

Werder, Lutz v. (1993): Lehrbuch des wissenschaftlichen Schreibens. Berlin: Schibri-Verlag.

Feedback einholen

Mit dem Appell an die Eigenverantwortung der Kursteilnehmenden, eine produktive Lernatmosphäre an ihrer Hochschule zu gestalten, beginnt dieses Unterkapitel. Die Erläuterungen zum Feedback halten wir deshalb für wichtig, weil es an bundesdeutschen Hochschulen nicht selbstverständlich ist, ein Feedback so zu formulieren, das es hilft. Häufig erfüllen Rückmeldungen andere Funktionen, z.B. Dominanz auszuüben, einzuschüchtern, vorzuführen, sich selbst in ein gutes Licht zu rücken. Hier besteht eine enge Verbindung zum akademischen Bluff (➋ Band 1, Kap. A). Weil es an Hochschulen besonders selten ist, die Beobachtung von der Bewertung zu trennen und der Beobachtung einen höheren Stellenwert zukommen zu lassen als der Bewertung, zielen die **Aufgaben 1a, 1b und 1c** darauf ab, sie in die Lage zu versetzen, ein beschreibendes Feedback zu geben.

Aufgabe 2a erfüllt zwei Funktionen: Erstens verdeutlicht sie ganz praktisch, wie das vorgeschlagene Feedback-Instrument eingesetzt werden kann. Zweitens befassen sich die Kursteilnehmenden durch das Umschreiben des Originaltextes mit dem Feedback-Instrument und seinen Codes.

Bei der Bewertung studentischer Texte spielt eine Vielzahl von Kriterien eine Rolle. Weil es uns didaktisch wenig sinnvoll erscheint, diese mit dem Anspruch auf Vollständigkeit darzustellen (und auch diejenigen, die um eine Rückmeldung gebeten werden, überfordert), beschränken wir uns mit dem vorgeschlagenen Feedback-Instrument auf jene 15 Aspekte, die aus unserer Sicht einen maßgeblichen Beitrag zur Qualität von studentischen Texten leisten und die unverzichtbar dafür sind, dass diese als typisch wahrgenommen werden.

1 Rückmeldungen zu Texten geben und von anderen einholen

a 1 beschreibend, 2 ausgewogen, 3 subjektiv, 4 konkret, 5 vorausschauend

b 2 Unser Team hatte vergangenen Montag die letzte Sitzung. → Beobachtung
3 Meine Kollegin arbeitet *zu viel*. → Bewertung
4 Beim Meeting gestern hat meine Kollegin losgelacht. → Beobachtung
5 Die *meisten* aus meinem Sprachkurs sprechen *hervorragend* Deutsch. → Bewertung

c Bei dieser Aufgabe sind unterschiedliche Antworten denkbar und sinnvoll, hier zu jeder Aussage ein Vorschlag:

2 „Er ist arrogant." Beobachtung: Er unterbricht mich ständig und spricht nur über sich selbst.
3 „Sie ist schüchtern." Beobachtung: Während unseres Gesprächs hat sie die Augen niedergeschlagen.
4 „Sie ist distanzlos." Beobachtung: Während unseres Gesprächs stand sie weniger als 40 cm von mir entfernt.
5 „Er hat sich sehr formal verhalten." Beobachtung: Er hat sein Gegenüber durchgehend mit dem Doktortitel angesprochen.

d Die unterschiedlichen Vermutungen gehen darauf zurück, dass Menschen Sätze wie die in Aufgabe 1c vor dem Hintergrund ihrer individuellen Erfahrungen aufnehmen. Solche Äußerungen gehen also durch eine Art Filter, sie werden nicht neutral gehört, sondern sie lösen angenehme oder unangenehme Gefühle, Erinnerungen und Assoziationen aus. Gerade Situationen, in denen Feedback gegeben und Kritik erwartet wird, können als sehr negativ empfunden werden. Um Menschen auch in eher unangenehmen Situationen auf sachlicher Ebene begegnen zu können, hilft es, sich weniger bewertend und mehr beobachtend zu äußern.

2 Feedback-Instrument für studentische Texte

a [...] Bundeskanzler Konrad Adenauer <u>setzte</u> <u>sich</u> persönlich für die Schaffung eines nationalen Rundfunks <u>ein</u> (**Präteritum**). <u>Diese Haltung</u> ist nicht nur auf den Wunsch nach einer zentralisierten Gestaltung des Rundfunks nach dem 2. Weltkrieg zurückzuführen, sondern auch auf die Tatsache, dass die ARD Adenauers Politik scharf kritisierte. Im Jahre 1960 wurde daher das „Deutschland Fernsehen" mit einer privat-wirtschaftlichen Struktur, in der der Staat als Eigentümer die wichtigste Rolle spielt, als Gegenmodell zur ARD gegründet. Diese politisch intendierte Maßnahme löste einen juristischen Konflikt aus, der letztendlich vorm Bundesverfassungsgericht ausgetragen wurde (**Literaturangabe**). Am 21. Februar 1961 fällten die Karlsruher Richter ein Urteil, das als „erstes Rundfunkurteil" (**Literaturangabe**) bekannt wurde. In diesem Urteil wurde bekräftigt (**formale Sprache**), dass sich die Kompetenz des Bundes auf die technischen Aspekte der Rundfunkausstrahlung beschränkt. Da den Bundesländern die Kulturhoheit zukommt, <u>obliege</u> auch die Gestaltung der Programminhalte <u>den Bundesländern</u> (**formale Sprache**). Folglich wurde die Gründung von „Deutschland Fernsehen" für verfassungswidrig erklärt, da (**korrekter Konnektor**) sie gegen Artikel 5, <u>Grundgesetz verstoße</u> (**korrektes FVG / korrekter Konjunktiv I**). Mit seinem Urteil <u>unterstrich das Bundesverfassungsgericht</u> die Unabhängigkeit des Rundfunks in Deutschland (**formale Sprache**). Zwölf weitere Rundfunkurteile <u>prägen</u> (**Präsens**) die deutsche Medienlandschaft bis in die Gegenwart. Zu den wichtigsten zählt das von 1981, weil es ein „duales System" (**Literaturangabe**) gestaltet, <u>indem</u> (**neuer Satzanschluss mit Konnektor; statt Metakommunikation Argumentation, *nämlich* → *indem***) es neben der Meinungsvielfalt durch die *binnen*pluralistische Programmvielfalt des öffentlich-rechtlichen Rundfunks auch dessen *außen*pluralistische Struktur gewährleistet (**Literaturangabe**). [...]

TABUFRAGE

Sich über die Phänomene der Wissenschaftssprache klarer zu werden, befördert auf jeden Fall Ihr eigenes Schreiben. Vielleicht ist Ihnen manchmal alles zu viel – zu viel auf einmal soll berücksichtigt werden und überall lauern Fehlerquellen. Insbesondere Menschen, die zum Perfektionismus neigen, können solche belastenden Gedanken haben. In diesen schwierigen Phasen hilft es, sich auf wenige Aspekte oder auf einen Teilbereich zu konzentrieren und den Rest bewusst auszublenden. Auch hilft es, nicht zu selbstkritisch zu sein und sich Zeit für die notwendigen Lernprozesse zu nehmen. Und nicht zu vergessen: Auch viele Muttersprachler_innen mühen sich in ihrem Studium mit dem wissenschaftlichen Schreiben.

PROJEKT

Die im Lehrbuch beschriebene Projektaufgabe ist eine Kurzversion, um sich gegenseitig Feedback zu geben. Wenn Sie eine aufwändigere Methode einsetzen wollen, um den Lernerfolg der Kursteilnehmenden zu überprüfen, können Sie eine Feedback-Konferenz anberaumen. Sie besteht aus zwei Teilen, wobei Sie zwischen dem ersten und dem zweiten Teil Zeit zur Überprüfung der Arbeitsergebnisse einplanen müssen. Weil diese Variante sehr aufwändig ist, sollten Sie sie nur mit Gruppen von drei bis fünf Teilnehmenden praktizieren.

Im ersten Teil begutachten die Teilnehmenden die Texte der anderen, jeweils auf die unterschiedlichen Ebenen bezogen. Starten Sie den ersten Teil der Konferenz mit der Aufforderung an die Teilnehmenden, ihren eigenen Text an die Person zur Rechten weiterzugeben. Lassen Sie dann Anmerkungen zur Stilistik vornehmen. Fordern Sie danach die Teilnehmenden auf, den bearbeiteten Text nach rechts weiterzureichen. Lassen Sie in einer zweiten Runde die Sprache, in einer dritten Runde die Metakommunikation und in einer vierten Runde die Argumentation begutachten. Der erste Teil endet damit, dass Sie alle Texte samt Rückmeldungen einsammeln, um deren Qualität zu prüfen.

Im zweiten Teil der Konferenz besprechen Sie im Plenum die Rückmeldungen der Teilnehmenden. Heben Sie die Lernerfolge hervor, korrigieren Sie die Fehler und gehen Sie auf alles ein, was unklar oder offen geblieben ist. Am Ende erhalten alle Teilnehmenden ihren Text zurück und nehmen die notwendigen Verbesserungen vor. Abschließend sollten Sie die neu geschriebenen Texte mit Hilfe des Feedback-Instruments begutachten.

TEST

1 Wenn wissenschaftliche Texte Wort für Wort von einer Sprache in eine andere Sprache übersetzt werden, wirken sie untypisch, weil die Gepflogenheiten der jeweiligen Wissenschaftssprache nicht berücksichtigt werden. Das Übersetzen ist mehr ein Übertragen und geht weit darüber hinaus, ein Wort in einer anderen Sprache auszudrücken.

2 Die folgenden acht Ebenen sollten berücksichtigt werden:
a stilistische Ebene, b textuelle Ebene, c argumentative Ebene, d Wortebene, e morphosyntaktische Ebene, f lexikalische Ebene, g typografische Ebene, h orthographische Ebene.

3 Textrevision bedeutet, dass bereits ein Textentwurf existiert, an dem weitergearbeitet wird, mit dem Ziel, den Text zu verbessern.

4 Die Überarbeitung von Texten sollte sich auf die
a Stilistik, b Sprache, c Metakommunikation, d Argumentation beziehen.

5 Es ist a beschreibend, b ausgewogen, c subjektiv formuliert, d konkret und e konstruktiv.